KB152512

더 저널리스트

카를 마르크스

일러두기

- … 책에 실린 기사는 시간 순서로 배치됐다.
- … 1부 기사의 영문 제목은 참고문헌에 기재한 마르크스 엥겔스 전집 기준이며, 그에 가깝게 번역했다.
- … 마르크스가 원문에서 강조한 부분은 본문에서 굵은 글자로 처리했다.
- … 논조와 상관없는 내용이 이어지는 경우 중략 또는 하략했다.
- … 모든 각주는 역자주다.

더 저널리스트: 카를 마르크스

초판 1쇄 발행 2020년 1월 15일

지은이 카를 마르크스 / **옮긴이** 김영진

펴낸이 조기흠
편집이사 이홍 / **책임편집** 최진 / **기획편집** 박종훈, 이수동
마케팅 정재훈, 박태규, 김선영, 홍태형, 배태욱 / **디자인** 정인호 / **제작** 박성우, 김정우

펴낸곳 한빛비즈(주) / **주소** 서울시 서대문구 연희로2길 62 4층
전화 02-325-5506 / **팩스** 02-326-1566
등록 2008년 1월 14일 제 25100-2017-000062호

ISBN 979-11-5784-380-0 03300

이 책에 대한 의견이나 오탈자 및 잘못된 내용에 대한 수정 정보는 한빛비즈의 홈페이지나 이메일(hanbitbiz@hanbit.co.kr)로 알려주십시오. 잘못된 책은 구입하신 서점에서 교환해드립니다.
책값은 뒤표지에 표시되어 있습니다.

홈페이지 www.hanbitbiz.com / 페이스북 hanbitbiz.n.book / 블로그 blog.hanbitbiz.com

더 저널리스트

카를 마르크스

김영진 엮고 옮김

The Journalist 03

Karl Marx

HB 한빛비즈 Hanbit Biz, Inc.

나는 아무 말이나 함부로 하지 않는다

이 책의 목적은 크게 두 가지다.

첫째, 이념 편향적으로만 소비되어 온 마르크스의 이미지가 아닌 저널리스트의 모습을 소개하고 싶었다. 언론에 발을 들여놓은 계기로 인해 마르크스는 물질적 이해관계에 눈을 떴고, 현실 세계의 문제들을 끊임없이 머릿속에 주입할 수 있었다. 〈자본론〉 같은 결과물도 중요하지만, 저널리즘 같은 '중간 결과물' 역시 마르크스가 왜, 어떤 과정을 통해 사상을 구체화했는지 그 맥락을 이해하는 데 중요한 역할을 한다. 신문 기사와 책, 보고서, 통계 수치를 곱씹으며 기사를 썼던 그의 모습 속에서 열정적이고 정의로운 저널리스트의 면모를 엿보기 바랐다.

둘째, 좀 더 읽기 쉽고 명확한 번역을 제공하고 싶었다. 더 나은 번역의 필요성은 대체로 반공 사상 때문에 오랫동안 정식 번역의 길이 막혔던 우리 환경 때문이다. 재원이 부족한 시절 암암리에 번역된 원고는 완성도를 높이는 데 제한이 있었다. 시중에 번역되어 나온 원고에서도 종종 고

루하고 일반적이지 않은 표현이 등장하곤 한다. 최대한 오늘날의 문체에 가깝고 덜 학구적인 용어를 쓰고자 노력했으며, 마르크스에 관심을 갖게 된 독자가 그를 알아가는 과정에서 어려움을 겪지 않도록 돕고 싶었다.

이 책에 담긴 마르크스의 기사는 크게 둘로 나뉜다. 1부는 〈뉴욕 데일리 트리뷴〉 등의 매체에 실린 기사들이고, 2부 〈임금노동과 자본〉은 소책자로 묶여 출간된 적 있는 연재 기사다.

책에 실린 기사들은 대부분 마르크스가 처음부터 영문으로 기사를 작성했기 때문에 중역의 오류를 피할 수 있었다. 마르크스의 영어 실력이 변변치 못해 기사 작성 초기에는 다른 이의 도움을 받아 번역했다는 주장도 있으나, 마르크스의 원래 의도는 충실히 반영되었을 거라 판단했다.

워낙 방대한 기사 중에 일부를 고르는 과정이 쉽지 않았으나 모든 주제를 담을 수 없어 나름의 기준을 두었다. 가급적 사건 사고에 대한 논평 기사는 피하고 마르크스의 장기적, 보편적 관점을 엿볼 수 있는 기사를 선택했다. 노동계층과 서민의 삶을 다루는 기사를 담았고, 당시에는 피할 수 없던 주제인 영국의 해외 침략 등 외교 문제와 무역 정책에 관한 기사도 포함했다.

〈임금노동과 자본〉에 해당하는 기사 원문은 1849년 〈신라인신문〉에 독일어로 실렸다. 마르크스가 1847년 브뤼셀에서 노동자를 대상으로 진행한 강의 내용을 기반으로 쓰였다. 훗날 엥겔스의 감수를 받은 수정본이 독일어로 출간됐고(1891), 이를 기초로 영문 완역본이 출간됐다(1902). 이 책은 엥겔스의 수정 후 완결성을 높인 영문본을 기초로 했다. 마르크스의 최초 원고를 고집하지 않은 이유는 엥겔스의 서문에도 나와 있듯 애초에 "선전을 목적으로" 출간된 책이기 때문에 마르크스 본인도 독자에게 전달되는 상황과 저자의 의도에 맞춰 수정되기를 바랐을 게 "틀림없기 때문"이다.

마르크스는 어딘가 거칠고 공격적인 정치선동가라는 이미지로 좁게 받아들여지기도 한다. 사상가로서의 위대함을 논외로 하고 《자본론》이나 《공산주의 선언》을 펼쳐 보면 그 느낌은 더 강해진다. 딱딱하고 어려운 논조에 별다른 인간적 매력이 잘 느껴지지 않는 것도 사실이다. 그럼에도 불구하고 인내심을 투자해 성격과 취향, 특색이 있는 한 명의 사람으로 들여다보면 마르크스의 인간적인 면모가 종종 눈에 띄기도 한다.

이를테면, 학교에 가지 않고 가정교육을 받으며 자란 마르크스는 어려서부터 굉장한 이야기꾼이었다고 한다. 아홉 형제 중 셋째였던 마르크스는 늘 재미있는 이야기를 늘어놓았고, 형제들은 그의 짓궂은 성격에 시달리면서도 이야기를 듣기 위해 졸랐다고 한다(다만 까칠하고 괴팍한 성격은 어른이 되서도 여전했다). 한 가정의 아버지가 된 마르크스는 자녀들에게 수시로 이야기를 들려주기도 했다. 〈호머〉 〈니

벨룽의 노래〉〈돈키호테〉〈아라비안 나이트〉 같은 문학은 물론, 때때로 직접 이야기를 지어 아이들을 즐겁게 해주었다. 공격적이고 냉철한 정치적 인물만은 아니었던 셈이다.

마르크스는 평생 문학을 가까이하고, 지독하게 많이 읽었다고 전해진다. 고전문학을 읽는 집안 분위기에서 자랐고, 자신의 독서 습관을 자녀에게 고스란히 물려주기도 했다. 셰익스피어를 '집 안의 성경'처럼 여기고 반복해 읽어서 줄줄 꿰고 다녔다는 이야기도 있다. 노년의 마르크스를 인터뷰한 어느 기자는 마르크스의 책장에 셰익스피어와 디킨스, 윌리엄 새커리, 몰리에르, 괴테, 볼테르 등 수많은 문학 작품이 꽂혀 있었음을 증언했다. 마르크스는 단테와 셰익스피어를 가장 좋아하는 작가로 꼽기도 했는데, 그래서 마르크스의 글을 보면 예상치 못한 곳에서 종종 문학의 흔적이 등장한다. 화폐의 속성을 논하면서 괴테의 〈파우스트〉와 셰익스피어의 〈아테네의 타이몬〉를 인용하는 식이다.

마르크스는 생전 관심 분야가 다양했고, 활동 범위도 넓었다. 법학으로 시작해 철학으로 학위를 땄고, 한동안은 언론 기자이자 편집장으로 열렬히 활동하다가 정부에게 미운털이 박혀 재판정에 서기도 했다. 여러 번 국외로 추방당하기도 했다. 〈자본론〉 등의 역작을 쏟아낸 학자이자 이론가였지만, 동시에 국제 노동운동 조직의 지도자 역할을 하며 세계적인 조명을 받기도 했다.

저널리스트 마르크스의 모습은 어땠을까? 마르크스는 스무 살 초반에 철학 박사학위를 취득했다. 하지만 그가 살던 프로이센은 사상의 자유가 제한적이었다. 프리드리히 빌헬름 4세는 기존의 강압적 국가 정책과 탄압을 완화하는 듯했지만, 국민들이 원하던 개혁과 자유 대신 차츰차츰 억압과 검열을 이어 갔다. 대학에서 진보적인 철학을 논하며 소위 '눈에 띄는' 인물이었던 마르크스는 교직을 얻지 못했고, 취직 고민을 하다 결국 고향과 멀지 않은 쾰른에서 〈라인신문〉에 합류한다. 〈라인신문〉은 국왕과 정부, 종교 세력에 맞서 진보적 주장을 펼치던 신생 언론이었다. 신문사의 주주들은 그 지역의 재력 있는 유지들이었지만, 당시 마르크스는 자본가 계급에 대한 문제의식보다 정치 현안과 언론의 자유에 더 큰 관심을 두었다. 기사를 기고하던 마르크스는 곧 편집장 자리에 올랐다.

신문 편집장 마르크스는 정부 검열과 싸워가며 지면에 신랄한 비판을 실었다. 다음 날 신문은 전날 저녁까지 지정된 검열관에게 승인을 받아야 인쇄가 가능했다. 기독교에 반하는 글이나 프로이센 정부를 비판하는 글은 어김없이 잘려 나갔다. 검열관과 마르크스 사이에는 자연히 갈등이 이어졌다. 정부는 검열관을 늘려 이중 검열을 받도록 조치했다. 마르크스는 검열에 맞서기를 고집했지만, 신문사 주주들의 생각은 달랐다. 결국 '덜 거슬리는 논조를 도입하면 사형 선고(폐간을 의미)를 피할 수 있을 것'으로 착각하는 주주들을 뒤로하고, 마르크스는 편집장 자리를 내려놓는다. 그는 "정부의 위선과 어리석음, 원칙 없음에 질렸고, 신문사가 아첨하고 몸을 사리면서 단어 하나하나에 조심을 떠는 데 질렸다"고 고백했다. 〈라인신문〉은 결국 폐간됐다.

이후 파리와 벨기에에서 몇 년 동안 경제학을 연구하던 마르크스는 1848년 유럽 전역에서 혁명이 발생하자 고국 프로이센에 돌아온다. 그리고 〈라인신문〉의 후속으로 〈신 라인신문〉을 발간한다. 혁명을 지지하면서 프로이센 정부와 군주제를 작정하고 비난한 마르크스는 '24시간 내 국외 추방' 명령을 받았다. 신문 발행 1년을 채우지 못하고 〈신 라인신문〉은 폐간된다. 그가 저널리스트로서 다시 언론에 기여하기 시작한 건 몇 년이 지나고 영국에 안착한 다음이다. 이번에는 〈뉴욕 데일리 트리뷴〉의 유럽 특파원 자격을 얻었다. 이때 마르크스는 런던에서 뉴욕으로 10여 년간 유럽 정세를 기사에 담아 미국 독자에게 송고했다.

마르크스가 생계를 위해 기사를 썼다는 설은 사실이다. 마르크스 본인이 "생계를 유지해야 한다는 불가피한 필요성" 때문에 〈뉴욕 데일리 트리뷴〉과 협력해야 한다고 말했고, 기사를 쓰느라 연구 작업에 큰 지장이 있다고 인정하기도 했다. 다만 이런 발언은 자신이 어떤 경로로, 언제 주로 경제학 연구에 매진했는지 돌이켜보는 맥락이었음을 고려할 필요가 있다. 애초에 경제학에 관심을 갖게 된 계기가 〈라인신문〉 시절 자유무역과 보호무역을 논한 경험이었다고도 밝혔으니, 언론 활동을 통해 "물질적 이해관계"를 들여다본 경험이 마르크스를 경제학자로 이끈 동기의 하나라고 볼 수 있다.

마르크스가 쓴 기사들은 대부분 코멘터리, 즉 시사 논평의 형태를 띤다. 당대의 중요 사건을 주로 경제적·법철학적 관점에서 논박하는 식이다. 특이한 점이 있다면 장황한 통계 등의 나열 방식인데, 자기주장을 뒷받침하는 자료를 하나하나 열거하고 분석하는 접근법이다. 오늘날 '팩트체크'에 가깝다. 생전 마르크스는 "나는 아무 말이나 함부로 하지 않는다"고 말했다. 때로 굉장히 공격적이고 날선 주장을 했지만 실제로 근거 없는 주장은 찾기 어렵다. 사실에 입각해 글을 쓰는 진정한 저널리스트였다.

어니스트 헤밍웨이와 조지 오웰을 다룬 전편에서도 우리 사회의 보편적 가치를 주장하고자 하는 의도가 있었다. 무엇이 정의로운지, 그렇지 않다면 무엇이 잘못되었는지 따져 보는 게 저널리스트의 역할이라고 믿기 때문이다. 그런 의미에서《더 저널리스트》시리즈를 인간의 권리, 제도의 불합리성, 사회 지향점 등을 논한 마르크스로 끝맺게 되어 다행으로 생각한다.

"하지만 새로운 생각은 분명 존재한다. (…) 아이디어 자체는 새롭지 않더라도 사람들이 주목하는 내용은 끊임없이 변한다. 예를 들어 '네 보물이 있는 그곳에 네 마음도 있느니라'라는 성경 구절은 마르크스 이론의 핵심을 담고 있다고 볼 수 있다. 하지만 마르크스가 자신의 이론을 주창하기 전에는 크게 영향력이 없던 구절 아니었던가. 아무도 귀 기울이지 않던 구절이다. 누구도 그 구절을 읽고 법과 종교, 도덕률이 재산 소유관계 위에 있는 상부구조라고 추론하지 못했다. 복음서를 통해 예수가 처음 말한 건 맞지만, 이 말에 의미를 불어넣은 건 마르크스다. 마르크스의 분석이 있었기 때문에 대중은 정치인, 종교인, 재판관, 윤리학자, 자산가의 행동 동기를 끊임없이 의심하기 시작했다. 권력자들이 마르크스를 치가 떨리도록 증오하는 이유다."

-《더 저널리스트: 조지 오웰》 중에서

매우 부지런하게, 끊임없이 분석하고 고민했던 마르크스다. 독자들이 저널리스트 마르크스의 모습을 떠올리며 이 책을 읽기 바란다. 그의 성실한 분석을 통해 우리 사회를 바라보는 눈이 더 크게 뜨이기 바란다. 마르크스는 세기를 넘어 우리의 눈을 열어주는 역할을 해왔고, 앞으로도 그럴 것이다.

2020년 1월 김영진

| 작가 연보 |

1818 프로이센 라인주 트리어에서 출생

5월 5일, 오늘날 독일 서부에 해당하는 프로이센 왕국에서 아홉 형제 중 셋째로 태어났다. 네덜란드 출신의 어머니와 아버지 둘 다 랍비 집안의 유대인이었으나, 1820년대 전후에 기독교로 개종했다. (성인이 된 후 인터뷰에서는 무교라고 말했다). 아버지는 트리어에서 변호사로 일했다.

1830 트리어 김나지움 입학(12세)

집에서 가정교육을 받던 마르크스는 트리어 김나지움에 입학했다. 트리어 김나지움은 진보 성향의 교사와 학생 때문에 정부 감시를 받던 곳이다.

1835 본대학 입학(17세)

변호사 아버지의 강력한 권고 때문에 본대학에서 법학을 공부했다. 다른 학생들과 활발하게 교류했다.

1836 베를린대학으로 전학(18세)

술과 동아리 활동을 즐기면서 공부를 제대로 하지 않자 아버지의 압박이 있었고, 결국 베를린대학으로 전학했다. 이곳에서 원래 관심 분야였던 철학을 공부했고, 헤겔 철학을 연구하며 청년헤겔파 활동에 적극적으로 나섰다. 수년 후 헤겔 철학과 이별했다.

1841 예나대학에서 박사학위 취득(23세)

프로이센 정부는 학생들의 진보적 성향을 문제 삼았다. 마르크스는 상대적으로 덜 엄격한 예나대학에 논문을 보내 박사학위를 딸 수 있었다. 하지만 애초에 원한 교직은 얻을 수 없었다.

1842 〈라인신문〉에서 일하기 시작(24세)

라인주 쾰른에서 창간된 〈라인신문〉에 기고하기 시작했다. 10월에는 편집장이 되었다. 프로이센 내에서도 라인주는 산업적으로 발전한 곳이었고, 〈라인신문〉의 후원자는 젊은 상공업자들이었다. 마르크스는 사설을 통해 프로이센 정부와 언론의 검열을 매섭게 비난했다. 결과적으로 정부는 〈라인신문〉을 더욱 거세게 검열했고, 신문은 이내 폐간됐다.

1843 파리 이주 및 경제학 연구 시작(25세)

17세에 약혼했던 제니 폰 베스트팔렌과 결혼했다. 10월에는 사회주의 사상이 활발히 논의되던 프랑스 파리로 이주해 정치경제학과 프랑스혁명의 역사를 연구하기 시작했다. 프랑스와 독일 노동자로 구성된 공산주의 단체와 교류하기 시작했다. 이때 〈경제학·철학 초고〉 〈헤겔의 법철학 비판〉 등의 원고를 썼다. 현실에 눈을 가린 종교를 비판하면서도 종교가 탄압받는 민중의 고통을 대변한다며 '종교는 민중의 아편'이라는 명문을 남겼다.

1845 프랑스에서 추방, 브뤼셀 이주(27세)

파리에서 프로이센 정부를 비판하는 글을 쓰다가 정부의 압력으로 프랑스에서 추방됐다. 벨기에 브뤼셀로 이주해 프로이센 시민권을 포기했다. 이 무렵 〈철학의 빈곤〉 〈자유무역에 대하여 Discourse on Free Trade〉의 원고를 썼다.

1847~1848 〈공산주의 선언〉 작성(29~30세)

파리에 거주하는 독일 출신 노동자를 중심으로 생겨난 조직 '정의 동맹'의 요청을 받고 강령에 해당되는 글을 작성했다. 바로 〈공산주의 선언〉이다. 선언에는 다른 노동자 조직의 활동을 해치는 행동을 하지 않을 것이며, 프롤레타리아 전체의 이익을 위해 노력할 것을 약속하고, 군주제와 봉건지주제에 맞서는 부르주아와도 손잡을 수 있다는 포용적인 내용이 담겼다. 마르크스는 '공산주의를 위한 10가지 당면 목표'를 다음과 같이 제시했다.

1. 토지 소유권을 폐지하고, 모든 토지 임차료는 공공을 위해 사용할 것.
2. 소득세에는 확실하게 누진율을 적용.
3. 모든 상속 권리의 폐지.
4. 모든 망명자들과 반역자들의 재산 몰수.
5. 중앙은행에 국가의 자본을 귀속하고 독점적 권한을 부여함으로써, 국가가 모든 신용을 관리하도록 할 것.
6. 통신 및 운송 기능을 국가가 관리하도록 할 것.
7. 국가 소유의 공장과 생산도구를 늘리고 불모지를 개간할 것, 공공계획에 따라 토지를 개발할 것.
8. 모두에게 동등한 노동 의무를 부과하고, 산업 인력군을 양성할 것(특히 농업).
9. 농업에 제조업을 결합시키고, 인구를 고르게 분포시켜 도시와 시골 사이의 간극을 점진적으로 해소할 것.
10. 공립학교를 통한 아동 무상교육, 지금의 아동 공장노동 폐지, 교육에 생산활동에 관한 훈련을 접목할 것 등.

1848 유럽에서 혁명 발발, 신문 재발행

2월, 프랑스를 시작으로 유럽 전역에서 혁명이 일어났다. 벨기에에 머물던 마르크스는 또다시 추방되어 파리로 잠시 피신했다. 독일과 오스트리아에서도 혁명 기조가 득세하자 쾰른으로 돌아갔다.

6월, 〈신라인신문〉으로 이름을 바꾸고 신문을 재발행하기 시작했다. 신문을 통해 입헌민주주의를 주장했고, 프로이센 정부를 비판했으며 러시아를 상대로 전쟁을 주장했다. 독점적으로 편집장의 권한을 행사하다시피 했다. 신문의 과격한 논조 때문에 주주들이 금세 이탈했다. 〈임금노동과 자본〉은 노동자를 일깨우기 위한 글로, 이 신문에 다섯 편으로 나뉘어 실렸다.

1849 〈신라인신문〉 폐간(31세)

계엄령으로 휴간되는 등 정부 탄압을 받던 〈신라인신문〉은 이내 변변찮은 죄목으로 기소당한다. 마르크스와 신문사 관계자들은 무죄를 선고받지만, 추방 명령을 받은 마르크스는 영국 런던으로 망명했다. 〈신라인신문〉 마지막 호는 붉은 잉크로 인쇄됐고, 편집진의 마지막 말은 "노동 계급의 해방을!"이었다.

1850 런던에서 생활(32세)

더 큰 성공으로 이어지기 바랐던 1848년 혁명이 지나갔다. 마르크스는 런던 대영박물관에서 살다시피 하며 경제학 연구를 했다고 전해진다. 형편이 좋지 않아 살던 집에서 쫓겨나기도 하고, 자녀 장례식에 쓸 관을 사기 위해 남에게 돈을 빌려야 했다. 빵과 감자로 근근이 버텼고, 자녀 여럿과 방 두 칸짜리 집에 살았다고도 한다. 친구이자 동지인 엥겔스에게 금전적으로 의존했다는 사실은 널리 알려져 있다.

1851 〈뉴욕 데일리 트리뷴〉 특파원 활동 및 집필(33세)

유럽 특파원으로서 영국을 비롯한 유럽 각국의 사정을 분석하는 기사와 사설을 기고하기 시작했다. 이후 몇 년간 〈정치경제학 비판 요강〉 〈정치경제학 비판〉 등을 집필했다. 마르크스의 유물론은 〈정치경제학 비판〉 서문에 다음과 같이 표현되어 있다. "물질적인 생산양식은 삶의 사회적·정치적·정신적 차원들을 결정한다. 인간의 의식이 그것들의 존재를 규정짓는 것이 아니라 반대로 그것들의 사회적 생활이 의식을 좌우한다."

1864 국제노동자연맹 설립(46세)

노동자 조직으로는 첫 국제 조직인 국제노동자연맹(또는 제1인터내셔널)이 설립됐다. 마르크스는 공식 대표 직책을 맡지 않았지만, 설립 선언문과 규약을 작성하며 사실상 정신적 지도자 역할을 했다. 연맹 회원이 나중에 80만 명에 달하기도 했다. 연맹은 국경에 얽매이지 않고 각국의 노동자와 노동 조직이 겪는 분쟁을 중재, 운동을 지원했다.

1867 자본론 출간(49세)

'정치경제학 비평'이라는 부제를 달고 《자본론》이 출간됐다. 엥겔스는 자본론을 "노동 계층의 정치경제학을 과학적 공식으로 정리한 것"이라고 평가했다.

1871 파리 코뮌 수립과 해체(53세)

프랑스 파리에서 최초의 사회주의 자치정부인 파리 코뮌이 수립됐으나, 곧 정부군 진압과 학살로 무너졌다. 마르크스는 파리 코뮌의 기록과 의의를 적은 소책자 《프랑스 내전》을 썼다. 국제노동자연맹을 이끌며 아나키스트파와 내분을 겪기도 하고, 독일 사회주의 노동자당의 강령을 강력하게 비판하는 등 사회적 활동을 이어 갔다.

1883 사망(65세)

3월 14일 오후, 엥겔스가 잠시 자리를 비운 새 조용히 사망했다. 런던 하이게이트 묘지에 묻혔다. 훗날 재안장되며 세워진 묘비에는 〈공산주의 선언〉의 마지막 문구 "만국의 노동자여, 단결하라"가 적혔다.

1885 《자본론》 2권 출간 (엥겔스 편집)

1894 《자본론》 3권 출간

차 례

Prologue 나는 아무 말이나 함부로 하지 않는다 … 004

작가 연보 … 009

1부 17편의 기사

빈곤과 자유무역 … 022
굶주림 사망 사건 … 027
기아라는 형벌 … 030
이주 혹은 강제 추방 … 032
중국의 혁명과 유럽의 미래 … 039
아일랜드 소작농의 권리에 대하여 … 049
차티스트 운동 … 060
영국 지배하에 있는 인도의 미래 … 071
파업 … 081
경제 번영의 진실 … 088
노동자에 대한 논의 … 095
노동자 회의에 보내는 편지 … 100
스코틀랜드 소작농 몰아내기 … 103
중국에서 벌어진 영국의 잔학 행위 … 111
공장 노동 현황 보고 … 117
영국 내 경제보고서 … 123
중국과의 무역 … 132

2부 임금노동과 자본

임금노동과 자본

1장: 들어가며 … 145
2장: 임금이란 무엇인가? … 148
3장: 상품의 가격은 무엇으로 결정되는가? … 153
4장: 무엇이 임금을 결정하는가? … 159
5장: 자본의 속성과 증식 … 161
6장: 임금노동과 자본과의 관계 … 164
7장: 임금과 이익의 오르내림을 결정하는 일반 법칙 … 170
8장: 자본과 임금노동의 이해관계는 완벽히 정반대
– 생산자본의 증가가 임금에 미치는 영향 … 174
9장: 자본가들 사이의 경쟁이 자본가 계급과 중산층,
노동 계급에 미치는 영향 … 179

Epilogue 진정성과 공정성 … 187
참고문헌 … 191

1부

17편의 기사

빈곤과 자유무역

Pauperism and Free Trade

×

New York Daily Tribune 1852. 11. 1.

J.W.헨리 상무부 장관은 최근 밴베리Banbury의 한 맥아 공장에 농업가 출신의 후원자들을 모아 놓고 현재 빈곤층의 수는 감소하고 있으며, 이는 자유무역과 상관없는 요인 때문이라고 설명했다.[1] 그는 그 이유로 **아일랜드의 기근**[2]과 해외 금광의 발견, 아일랜드 대탈출 그리고 이에 따른 영국 해운업의 수요 폭증 등을 꼽았다. 일단 여기서 빈곤 문제의 해결책으로 내놓은 '(아일랜드의) 기근'은 쥐를 쥐약으로 퇴치하는 것만큼이나 극단적인 조치라는 점을 짚고 넘어가자.

런던발 〈이코노미스트〉는 "이제 토리당원들도 경제적 번영을 인정하고, 번영의 자연스러운 영향으로 구빈원이 비

1 J.W.헨리를 포함한 토리당은 곡물법을 지지하고 자유무역을 배격하는 세력이었다. 반대편의 휘그당은 자유무역을 지지했다. 휘그당과 이 글에 소개되는 신문 〈이코노미스트〉는 비슷한 보수주의적 주장을 펼친다.

2 1845~1847년의 감자마름병.

게 되었다는 사실을 인정해야 할 것"이라고 말한다.[3] 〈이코노미스트〉는 자유무역에 회의적인 상무부 장관에게 반박하는 논리를 펼친다. 구빈원이 비게 된 건 자유무역에 따른 결과이며, 자유무역이 활짝 꽃핀다면 구빈원이 영국 땅에서 영원히 자취를 감출 거라고 주장한다. 하지만 〈이코노미스트〉의 통계는 안타깝게도 그들의 주장을 뒷받침하지 않는다.

산업 경기가 5~7년 정도의 주기를 거친다는 사실은 잘 알려져 있다. 보통 한 주기는 경기 침체 → 경기 개선 → 긍정 심리 증가 → 활동기 → 번영기 → 흥분기 → 과잉 거래 → 경기 변동 → 경기 압박 → 불경기 → 경제적 위기를 거쳐 다시 침체기로 돌아오는 단계를 거친다. 이런 사실을 상기하면서 〈이코노미스트〉의 통계를 되짚어 보자.

1834년 한 해 극빈자들의 구호에 지출된 예산 총계가 6,317,255파운드였다. 그러던 것이 1837년에는 최저 수준인 4,044,741파운드로 줄었다. 이후 예산은 매년 오르기 시작해 1843년에는 5,208,027파운드에 달했다. 1844~1846년에는 다시 4,954,204파운드 수준까지 하락했으나 1847~1848년부터 다시 올라 1848년 기준 예

3 당대 분위기는 자유무역이 최고라는 분위기였지만, 마르크스는 자유무역을 통해 노동자까지 잘살게 될 거라는 자유무역주의자의 말을 믿지 않았다. 일례로 마르크스는 연설문에서 자유무역이 확장하고 물건 가격이 떨어지면 노동자의 형편이 나아지는 게 아니라 노동자의 노동 역시 상품으로 취급돼 가격이 떨어짐을 설명했다.

산은 6,180,764파운드를 기록했다. 이는 새로운 구빈법이 제정되기 전이었던 1834년만큼이나 높은 수준이었다. 1849~1852년을 거치며 예산은 다시 4,724,619파운드 수준으로 줄었다. 그런데 1834~1837년은 경제 호황이었고, 1838~1842년은 경제 위기와 침체의 시기였다. 1843~1846년은 경제 호황이었고, 1847~1848년은 경제 위기와 침체, 그리고 1849~1852년은 다시 호경기였다.

자, 이 통계는 무엇을 증명하는 걸까? 기껏 해봐야 영국 구빈 대상자의 숫자가 자유무역이나 보호조치와 상관없이 경기 부침에 따라 오르내린다는 아주 당연한 말의 재확인이다. 아니, 오히려 자유무역 시기인 1852년에 지출된 빈민 구제 예산이 보호무역 시기인 1837년보다도 679,878파운드 더 많았다. 자유무역과 더불어 아일랜드의 대기근, 오스트레일리아의 '금덩이' 러시, 지속적인 이민 행렬이 이어졌는데도 말이다.

자유무역을 옹호하는 또 다른 신문은 자유무역이 수출을 증가시키고, 수출은 번영을 낳으며, 그 번영을 통해 구빈 대상자들이 줄어들다 결국 사라질 거라며 이 사실을 입증하려 했다. 다음의 수치가 그들이 제시한 증거다. 노동 가능 인구 중 교구의 구호로 연명하는 처지에 놓인 이들의 숫자다.

1849년 1월 1일 기준	590개 조합	총 201,644명
1850년 1월 1일 기준	606개 조합	총 181,159명
1851년 1월 1일 기준	606개 조합	총 154,525명

비교를 위해 이번에는 영국 및 아일랜드 생산품의 수출 금액을 살펴보자.

1848년	48,946,395파운드
1849년	58,910,833파운드
1850년	65,756,035파운드

이 수치는 무엇을 증명하는가? 1849년에 수출이 9,964,438파운드 늘어날 때 구빈 대상자 20,000명 이상이 줄었다. 이듬해 수출이 6,845,202파운드 늘었지만, 구빈 대상자는 오히려 26,634명이 더 줄었다.

자, 그럼 자유무역이 경제의 주기나 부침과 관련 없다고 쳐도, 현재 존재하는 구빈 대상자를 모두 없애려면 수출이 매년 50,000,000파운드씩 더 늘어야 한다. 수출이 거의 100%씩 증가해야 한다는 뜻이다. 소위 객관적이라는 부르주아 통계 전문가들이 남들에게 이상주의자다 뭐다 떠드는데, 따지고 보면 이 부르주아 낙천주의자들보다 더한 이상주의자는 세상 어디에도 없을 것이다.

나는 얼마 전에 빈민구제위원회에서 공표한 자료를 손에 넣었다. 자료는 예상대로 1848년과 1851년 대비 구빈

소위 객관적이라는 부르주아 통계 전문가들이 남들에게 이상주의자다 뭐다 떠드는데, 따지고 보면 이 부르주아 낙천주의자들보다 더한 이상주의자는 세상 어디에도 없을 것이다.

대상자의 수가 줄어들고 있음을 보여준다. 하지만 이 자료에는 다음과 같은 내용도 나온다. 1841~1844년 사이 평균 구빈 대상자는 1,431,571명이었고, 1845~1848년에는 평균 1,600,257명이었다. 1850년에는 1,809,308명의 구빈 대상자가 시설 또는 원외 구제를 받았다. 1851년의 평균은 1,600,329명으로 1845~1848년의 평균보다 많았다.

이런 수치를 인구 조사에 따른 인구와 비교해보면 1841~1848년에는 인구 1,000명당 89명이 구빈 대상이었고, 1851년에는 90명이었다. 자유무역과 기근, 경제 호황, 오스트레일리아의 골드러시, 이민 행렬에도 불구하고 구빈 대상자가 1841~1848년 평균치를 상회했다는 얘기다. (중략)

부르주아식 상업 정책인 자유무역과 보호무역 둘 중 어느 쪽도 부르주아식 사회경제 구조에서 발생하는 필연적인 명암에서 자유로울 수 없다. 영국 은행 금고 속에 180~200만 파운드의 금괴가 존재하는 것처럼, 영국의 구빈 사업장에서 노역하는 백만의 구빈 대상자들은 영국의 번영과 떼려야 뗄 수 없는 관계인 것이다.

굶주림 사망 사건

Case of Starvation

×

New York Daily Tribune 1853. 2. 2.

우리는 지금까지 영국의 경제 번영에 대한 다양한 증언을 소개해왔다. 이제 잠시 숨을 돌리고 '헨리 모건'이라는 이름의 가난한 바늘 제조공 이야기를 들어줬으면 한다. 런던 출신의 그는 일거리를 찾아 버밍엄으로 떠났다. 과장을 섞었다는 누명을 쓰지 않기 위해 〈노샘프턴 저널Northampton Journal〉의 설명을 그대로 옮긴다.

빈곤으로 인한 죽음(코스그로브에서)

13일 월요일 아침 9시경, 두 명의 막노동꾼이 T. 슬레이드라는 사람 소유의 외딴 헛간에 비를 피할 곳을 찾아 들어왔다. 그리고 거기서 누군가가 앓는 소리를 들었다. 짚더미 속에서 완전히 탈진한 어느 남자가 내는 소리였다. 두 명의 막노동꾼은 남자에게 말을 걸고 자신들의 아침밥을 나눠주려 했지만 남자는 아무 대답이 없었다. 몸을 만져보니 남자의 몸은 상당히 차가운 상태였다.

두 사람은 근처에 있던 슬레이드를 불러왔다. 슬레이드는 얼마 후 한 아이를 시켜 깔개와 짚이 덮인 짐수레에 남자를 실었고, 1마일쯤 떨어진 야들리-고비언 구빈원으로 보내버렸다. 채 1시가 되기 전에 도착한 남자는 그로부터 15분쯤 후 사망했다. 등가죽이 달라붙고 꾀죄죄한 데다 걸친 옷도 변변찮은 이 불쌍한 사내의 모습은 끔찍했다.

이 불행의 당사자는 목요일(2일) 저녁 스토니-스트랫포드의 구빈 담당관으로부터 야들리 구빈원에서 하루 묵을 수 있는 허가를 받았다고 한다. 남자는 야들리까지 5km 이상을 걸어가 마침내 구빈원에서 하룻밤을 지낼 수 있었다. 음식도 양껏 받아먹었다. 다음 날 그는 구빈원에 하루만 더 묵게 해달라 애원했고, 간청은 받아들여졌다.

토요일 아침, 아마 이 세상에서 마지막 식사였을 아침밥을 먹고 그는 스트랫포드로 돌아가기 위해 길을 떠났다. 몸도 쇠약하고 발도 부르터 있던 차에(한쪽 발꿈치에는 상처가 있었다) 그는 쫓겨날 염려를 하지 않아도 되는 은신처를 발견하고는 안도했을 가능성이 크다. 헛간은 유료도로에서 400~500m 떨어진 농장 건물 한쪽에 있었고, 문이 잠겨 있지 않았다.

다음 월요일(6일) 정오쯤, 그는 짚더미 위에 누워 있다가 사람들에게 발견됐다. 낯선 사람이 헛간에 묵는 걸 꺼린 이들은 남자에게 나가 달라고 말했다. 남자는 조금만 더 머물게 해달라 부탁한 후 4시쯤 길을 나섰다. 이윽고 밤이 되어 새로운 휴식처를 찾다가 발견한 가장 가까운 곳이 그 외딴 헛간이었다. 헛간은 지붕이 일부 날아가고 문은 닫히지 않는, 그야말로 가장 추운 환경이었다. 남자는 그곳 짚더미 속에 몸을 뉘었다. 그리고 음식도 없이 7일쯤 더 누워 있다가 13일 아침, 앞서 설명한 대로 발견됐다.

이 불쌍한 남자는 자신의 이름이 헨리 모건이며 바늘 제조공이라고 했다. 나이는 서른에서 마흔 사이로 보였고, 실제로 보면 체격도 나쁘지 않았다.

이보다 더 끔찍한 일을 상상하는 건 어렵다. 건장하고 체격 좋은 한창때의 사내. 런던에서 스토니-스트랫포드에 이르는 멀고 먼 순교길. 주변의 '문명사회'를 향한 그의 애타는 호소. 7일간의 굶주림. 같은 인간으로부터 냉혹하게 내던져짐. 안식처를 찾아 헤매는 고달픔과 이리저리 내몰리는 상황들. 슬레이드라는 사람의 끝 모를 비인간성. 지쳐 쓰러져 서서히 맞이하는 비참한 죽음. 생각할수록 믿기 힘든 광경이다.

몸 누일 곳을 찾아 헛간에 들어간 그가 누군가의 재산권을 침해한 건 맞지만, 그런 상황에서 그게 뭐 어떻단 말인가! 경제 번영 속에서 벌어진 이 사망 사건을 런던의 배부른 자본가에게 들려줘보라. 그는 런던발 〈이코노미스트〉 1월 8일 자에 실린 말을 빌려 이렇게 답할 것이다. "자유무역 아래에서 이렇게 모든 계급이 번창하는 걸 보니 얼마나 즐거운가! 사람들은 기대감에 부풀어 있다. 다들 생산을 늘리고 있고, 그 혜택은 **개개인** 모두에게 돌아가고 있다."

기아라는 형벌

Starvation

×

New York Daily Tribune 1853. 3. 15.

유럽 대륙에서는 교수형, 총살형, 추방형 등이 유행인 듯하다. 하지만 사형집행인도 실제 살아있는 존재라 언제든 사형당할 수 있는 존재인 데다가, 그들의 행위는 문명 세계 전체의 양심에도 기록되는 중이다.

동시에 영국에서는 눈에 보이지도 않고 소리도 없는 폭군이 시민들에게 형벌을 내리고 있다. 때로는 가장 잔혹한 형태의 죽음을 선고하기도 한다. 폭군은 선대로부터 이어져 내려온 땅에서 온 민족과 계층 전부를 들어낸다. 이 작업은 매일 소리 없이 이어진다. 불타는 칼로 에덴 동산에서 아담을 몰아낸 천사처럼 말이다. 여기서 눈에 보이지 않는 사회적 폭군의 행위는 '강제 추방'을 의미하고, 그가 선고하는 잔혹한 형벌은 '굶겨 죽이기'다.

이번 달에도 런던에서는 기아 사망 사건이 또 여러 건 발생했다. 먼저 기억나는 사건은 런던 섀드웰 콜레인 지역에서 사망한 43세 메리 앤 산드리 사건이다. 부검을 도운 의

사 토마스 핀에 따르면, 고인의 사망 원인은 굶주림과 추위 때문이었다. 메리 앤 산드리는 얄팍한 짚더미 위에서 아무것도 덮지 않은 채 발견됐다. 방에서 가구나 난방, 음식 따위는 찾아볼 수 없었다. 그녀의 주검 옆에는 어린아이 다섯 명이 맨바닥에 앉아 추위와 배고픔에 울부짖고 있었다.

다음 기사에서는 '강제 이주' 문제를 다룰 예정이다.

이주 혹은 강제 추방

Forced Emigration

×

New York Daily Tribune 1853. 3. 22.

식민지 이민사무국의 집계에 따르면, 1847년 1월 1일부터 1852년 6월 30일까지 잉글랜드 및 스코틀랜드, 아일랜드에서 해외 각지로 이주한 이들의 수는 다음과 같다.

연도	잉글랜드	스코틀랜드	아일랜드	총합
1847	34,685	8,616	214,969	258,270
1848	58,865	11,505	177,719	248,089
1849	73,613	17,127	208,758	299,498
1850	57,843	15,154	207,852	280,849
1851	69,557	18,646	247,763	335,966
1852 (6월까지)	40,767	11,562	143,375	195,704
계	335,330	82,610	1,200,436	1,618,376

이민사무국에 따르면, 리버풀발 이민자 열에 아홉은 아일랜드인으로 보인다. 한편 스코틀랜드발 이민자의 3/4은

하일랜드 또는 아일랜드에서 글래스고를 통해 유입된 켈트족 출신으로 추정된다. 즉, 전체 이민자의 4/5가 아일랜드나 하일랜드 또는 스코틀랜드의 군도 출신 켈트족인 셈이다. 이런 이민 현상에 대해 런던 〈이코노미스트〉는 다음과 같이 말한다. "소규모 경작지 감자 재배에 의존했던 사회 구조가 붕괴되면서 벌어진 결과다. 아일랜드와 스코틀랜드 하일랜드의 잉여 인구 이탈은 여러모로 상황 개선을 위해 불가피한 첫걸음이며, (…) 아일랜드 정부의 수입은 1846~1847년의 기근에도 전혀 줄지 않았다. 이민의 영향도 미미했다. 오히려 아일랜드 정부의 순세입은 1851년 4,281,999 파운드로 1843년에 비해 184,000 파운드 증가했다."

'국민을 빈곤에 몰아넣고, 이들로부터 더 짜낼 수익이 없거나 국가 재정에 부담이 되기 시작하면 나라 밖으로 쫓아내자.[4] 그러고도 세금이 걷히는지 여기에나 신경 쓰자!' 데이비드 리카도David Ricardo[5]가 그 대단하다는 〈정치경제학과 과세의 원리에 대하여〉에서 주장하는 바가 이거다. 어떤 자본가든 연간 수익이 2,000파운드에 달한다면 자신이 100명을 고용하든 1,000명을 고용하든 상관하지 않을

4 사실은 자기 지역에서 굶어 죽는 사람이 발생하는 걸 보기 싫어하는 지주 등 당시의 기득권이 고아나 가난한 사람을 주로 몰아냈다.

5 영국의 대표적인 고전학파 경제학자. 노동가치설과 비교우위론 등을 주장했다.

게 뻔하다. 리카도는 "어차피 국가의 소득도 마찬가지 아닌가?"라고 되묻는다. 소작료, 수익 등 국가의 실질 순소득이 동일하게 유지된다면 그 소득이 1,000만 명에서 나오든 1,200만 명에서 나오든 아무 상관없다는 거다.

시스몽디Sismondi[6]는 〈정치경제학의 신원리〉에서 이 논리를 따르자면 국가로서의 영국은 왕(당시에는 여왕이 아니라 왕이었다) 혼자 성 안에 덩그러니 남고 모든 국민이 사라진다 해도 눈 하나 깜짝하지 않을 거라고 말했다. 자동으로 움직이는 기계가 지금 2,000만 명의 인구가 만들어내고 있는 순수입의 금액을 거둘 수만 있게 해준다면 글자 그대로의 '국부' 자체가 줄어드는 일도 없을 테니 말이다.

나는 지난 기사에서 스코틀랜드 하일랜드에서 자행되고 있는 소작농의 강제 추방을 언급한 바 있다. 그런데 〈갈웨이 머큐리The Galway Mercury〉에 실린 글을 보면 알 수 있듯, 강제 추방은 아일랜드에서도 비슷한 방식으로 벌어지고 있다.

> "아일랜드 서부 농지의 인구가 급감하는 중이다. 콘노트의 지주들은 암암리에 서로 짜고 소규모 소작농을 제거하는 중이다. 이미 소작농들을 대상으로 꾸준히 제도적 몰살 작업이 진행되어 왔다. (…) 대중이 전혀 모르는 사이에 이곳에서는 가슴 찢어지는 잔학 행위가 매일 벌어지고 있다."

6 스위스의 역사가이자 경제학자.

그러나 농경 기술의 발전과 '낡은 사회 시스템의 붕괴'에 휩쓸려 나가는 건 빈곤해진 아일랜드와 스코틀랜드 하일랜드 주민만이 아니다. 이민사무국에서 지원금을 받고 이주하는 사람들 또한 잉글랜드, 웨일스, 스코틀랜드 로우랜드의 신체 건강한 소작농만으로 국한되지 않는다. '기술 발전'의 바퀴는 이제 영국에서 가장 안정적이었던 계급에도 타격을 주기 시작했다. 소규모 농장을 운영하는 잉글랜드 농부들 사이에서도 예상 밖의 이민 행렬이 시작된 것이다. 특히 거친 진흙 토양에서 농사짓던 이들은 새로운 경작지를 찾기 위해 바다 건너 타국으로 향할 수밖에 없는 상황에 내몰렸다. 추수철에 흉작이 예견되고 있어 기존 수준의 소작료를 내려면 농장 개선을 할 만큼의 돈이 꼭 필요한데, 그 돈을 마련하기 위해서라도 어쩔 수 없는 선택이다. 여기서 내가 말하는 건 골드러시로 인한 이주가 아니다. 지주제도와 소작지 과밀화, 농업에 기계 도입, 현대식 농업 시스템의 대대적인 도입 등이 불러온 강제 이주다.

고대 국가, 그러니까 그리스와 로마 같은 곳에서는 주기적인 식민지 건설을 통한 강제 이주가 사회 구조의 기반을 구성한 바 있다. 당시 국가의 전반적인 구조는 인구수 제한을 조건으로 했다. 인구수가 일정 상한선을 넘으면 고대 문명의 성립 조건 자체가 흔들리기 때문이었다. 그들은 물자 생산에 과학적 지식을 접목할 줄 몰랐기 때문에 문명사회를 유지하기 위해 인구를 적게 유지해야만 했다. 인구가 늘어날 경우 자유 시민이 아니라 노예처럼 신체 노동을 감수해야 했다. 생산 능력이 부족했기 때문에 시민들은 인구 비율을 일정 수준으로 유지하는 데 의존해야 했다. 따라서 강제 이주는 유일한 해법이었다.

아시아 고원 지대의 야만족이 유럽을 침략한 것도 인구가 생산 능력에 미치는 압박 때문이었다. 형태는 달랐어도 이유는 같았다. 야만족으로 생존하기 위해 그들은 인구를 적게 유지해야 했다. 야만족은 목축과 사냥을 하는 호전적 부족이었고, 그들의 생산방식을 따르자면 각 개인은 아주 넓은 땅을 필요로 했다. 현재의 북아메리카 인디언 부족과 비슷했다. 인구가 늘면 서로의 토지를 갉아먹어야 했다. 따라서 잉여 인구는 큰 모험을 감수하며 이주를 선택할 수밖에 없었고, 그게 고대와 현대 유럽의 기초를 닦은 것이다.

하지만 현대의 강제 이주는 경우가 사뭇 다르다. 생산 능력이 부족해서 잉여 인구가 발생하는 게 아니라 생산 능력의 향상으로 인구 감소가 필요해진다. 인구의 잉여분은 기아 또는 이주를 통해 제거한다. 인구가 생산 능력을 압박하는 게 아니라 생산 능력이 인구를 압박하는 상황인 셈이다.

리카도는 '순세입'을 마치 아무 불평불만 없이 인구 전체를 제물로 바쳐야 하는 몰록신[7]처럼 취급한다. 나는 이런 의견에 동의하지 않는다. 시스몽디의 주장처럼 병적인 인

7 Moloch. 어린아이들을 제물로 요구했다는 신화 속 신으로, 큰 희생을 요구하는 경우를 비유한다.

류애를 앞세워 구시대적인 농경 방식을 고집하거나 플라톤이 공화국에서 시인을 추방하려 한 것처럼 산업사회에서 과학을 추방해야 한다는 의견에도 동의하지 않는다.

우리 사회는 소리 없는 혁명을 겪고 있다. 거스를 수 없는 이 혁명은 지진이 자신이 파괴할 건물에 신경 쓰지 않듯 자신이 파괴할 인간의 존재에 아랑곳하지 않는다. 새로운 삶의 조건을 받아들이기 너무 약한 계급과 인종은 이제 물러나야 한다. 경제학자들은 이런 통탄할 변화가 자본가들, 즉 지주와 대부업자의 소유욕에 우리 사회가 적응하는 과정일 뿐이라고 진심으로 믿기도 한다. 이렇게 덜 떨어지고 근시안적인 시각이 또 어디 있을까?

새로운 삶의 조건을 받아들이기 너무 약한 계급과 인종은 이제 물러나야 한다. 경제학자들은 이런 통탄할 변화가 자본가들, 즉 지주와 대부업자의 소유욕에 우리 사회가 적응하는 과정일 뿐이라고 진심으로 믿기도 한다. 이렇게 덜 떨어지고 근시안적인 시각이 또 어디 있을까?

영국에서는 이런 혁명의 과정이 분명하게 드러난다. 현대적 생산방식이 도입되면서 토지에 살던 이들이 내몰리고, 인구는 공업 도시로 몰려간다. 〈이코노미스트〉는 말한다. "극소수 스피털필즈Spitalfields와 페이즐리Paisley 쪽 직조공을 제외하고, 제조업 노동자 중에 이민사무국의 지원금을 받은 사례는 없다. 자비로 이주한 제조업 노동자도 거의 없다고 봐야 한다."

〈이코노미스트〉는 이 노동자들이 자비로 이주할 수 없고, 중산층 제조업자들도 그들의 이주를 돕지 않을 걸 잘 알고 있다. 자, 그럼 결론은 뭔가? 현대 사회에서 가장 변하지 않고 보수적인 요소였던 시골 인구가 사라지고, 동시에 산업 프롤레타리아는 현대화된 생산방식에 따라 생산력이 집약된 거대 중심지로 모이게 된다는 것이다. 노동자들의 순교로 개척의 역사가 쓰이는 생산력의 중심지 말이다.

그렇다면 프롤레타리아를 희생시켜 만든 이 막대한 생산력을 프롤레타리아가 쟁취하려고 나설 때 그때 누가 그들을 막을 수 있을까? 그들을 제지할 힘이 어디서 생길까? 그럴 구석은 없다! 그때 가서는 '재산권'이라며 호소해봐야 소용없다. 생산방식의 현대화는 - 부르주아 경제학자들의 말을 빌리자면 - 우리 사회의 구시대적 구조와 '전유' 방식을 붕괴시켰다. 현대화에 따른 변화는 전 세대에 걸쳐 스코틀랜드 원주민과 아일랜드 소작농, 영국 자작농, 베틀 직공, 셀 수 없이 많은 수공예인, 여성과 아동 노동자들을 착취해왔다. 그리고 때가 되면 지주와 방적 재벌들의 차례가 올 것이다.

중국의 혁명과 유럽의 미래

Revolution in China and in Europe

×

New York Daily Tribune 1853. 6. 14.

인간의 행동을 지배하는 원리에 대해 깊이 있게 그리고 탁월하게 추론한 한 이론가가 있었다. 그는 '극단 접촉의 법칙'이 대자연을 지배하는 섭리 중 하나라 말하며 찬양하곤 했다. 그는 '극과 극은 통한다'는 보편적 속담이 삶의 모든 영역에 적용되는 거대하고 강력한 진리라고 믿었다. 천문학자가 케플러의 법칙이나 뉴턴의 위대한 발견을 무시할 수 없듯 철학자로서 무시해선 안 될 법칙이라는 것이었다.

'극과 극은 통한다'는 게 실제 그렇게 보편적인 법칙인지는 모르겠으나, 이번 중국 혁명[8]이 문명사회에 미칠 영향은 이 법칙의 생생한 실제 사례가 될 것으로 보인다. 매우 이상해 보이고, 굉장히 역설적인 주장처럼 들릴지도 모른다.

8 '태평천국의 난' 또는 '태평천국운동'으로 불리는 중국의 독립국가 건설 혁명(1851~1864).

하지만 유럽 민중의 다음 봉기 그리고 공화국 체제의 자유와 정부 축소를 향한 움직임은 유럽의 정반대편 중국 왕조가 겪고 있는 일에 좌우될 것이다. '천조국Celestial Empire'[9]에서 벌어지는 일들은 현재 언급되고 있는 어떤 정치적 움직임, 심지어 러시아의 위협과 그로 인해 벌어질 유럽 대륙의 전쟁 가능성보다 더 큰 영향을 미칠 것이다. 그러나 따지고 보면 역설은 아니다. 사건이 벌어진 상황을 면밀히 고려한다면 누구든 공감할 수 있다.

지난 10여 년 동안 중국에는 만성적 반란이 이어져 왔다. 명분이 무엇이고, 그게 어떤 종교나 왕조, 국가의 형태를 띠었든지 간에 반란을 촉발한 원인은 따로 있었다.[10] 반란은 이제 하나의 강력한 혁명으로 모이기 시작했으며, 의심의 여지 없이 폭발의 배경은 영국이 중국에 화포를 겨누며 강요한 최면성 마약, 바로 아편이다.

영국군 앞에서 만주 왕조의 권위는 땅에 떨어졌다. 천조국의 무궁한 미래라는 미신적 믿음도 깨졌다. 문명 세계에서 따로 떨어져 은둔자처럼, 야만인처럼 존재해 온 그들의 고립 상태는 해제되었다. 외부 세계와 접촉점이 뚫렸고, 캘리포니아와 호주의 황금빛 유혹 아래서 급격하게 교류가 시작됐다. 동시에 천조국의 생명줄이던 은화가 영국령 동

9 '하늘의 왕조'라는 뜻으로 본래 서양에서 중국 왕조를 칭하던 표현이었다.

10 중국은 제1차 아편전쟁을 겪고 영국에 의해 불평등한 난징조약(1842)을 맺어야 했다.

인도 제도로 빨려 들어가기 시작했다.

1830년까지는 무역의 균형이 중국에 유리하게 지속됐다. 그래서 은화가 인도와 영국, 미국에서 중국으로 끊임없이 흘러들어갔다. 하지만 1833년부터, 특히 1840년부터는 중국에서 인도로 보내지는 은화가 거의 바닥날 정도가 됐다. 이에 중국 황제는 아편 무역에 반대하는 강력한 칙령을 발표했지만, 바로 강력한 반발에 부딪혔다. 당면한 경제적 영향 외에도 아편 밀수를 둘러싼 부정부패가 중국 남부 지역 관리들의 사기를 완전히 떨어뜨렸다. 황제가 중국 전체의 아버지로 여겨지듯 지역 관리들은 각 지역에서 아버지와 같은 역할을 하는 사람으로 인식됐다. 가부장적 권위는 중국이라는 거대 조직을 결합하는 유일한 도덕적 끈이었다. 하지만 이 끈은 관리들의 부정부패로 점차 부식되어 갔다. 관리들은 아편 밀수를 묵인함으로써 큰돈을 만질 수 있었다. 이런 일이 주로 벌어진 지역은 남부 지역, 즉 반란이 시작된 곳이다. 아편이 중국인을 통제하는 힘을 얻게 되면서 황제와 그의 고루한 관료 조직은 통제권을 잃게 됐다. 이건 굳이 말할 필요가 없는 명백한 사실이다. 대대로 이어져 온 어리석음에서 흔들어 깨우기 위해 역사는 제일 먼저 그들을 취하게 만든 것만 같다.

1833년부터 과거에는 거의 전무했던 영국 면제품과 일부 영국 모직 제품의 수입 물량이 급증했다. 중국과의 독점적 무역권이 동인도 회사에서 민간 거래로 옮겨간 이후의 일이다. 특히 영국을 포함한 다른 나라들이 중국과의 무역권을 나눠 갖기 시작한 1840년 이후로는 수입 물량이 훨씬 더 증가했다. 해외 제조 상품의 유입이 중국 토착 산업에 미친 영향은 과거 소아시아나 페르시아, 인도의 사례와 비슷했다. 중국 내 방적공과 방직공들은 외국과의 경쟁 속에서 크게 어려움을 겪었고, 지역 사회는 그만큼 흔들리기 시작했다.

1840년의 운 나쁜 전쟁[11] 때문에 영국에 바치게 된 조공. 생산성을 해치는 대대적인 아편 소비. 아편 거래 때문에 흘러나가는 귀금속. 외국과의 경쟁이 토착 산업에 미치는 파괴적인 영향. 사기가 떨어진 행정 관료 조직. 이런 요소들은 두 가지 결과를 낳았다. 기존 조세 체제는 더욱 부담되고 고통스럽게 느껴지게 되었으며, 기존 조세 항목에 새로운 세금이 추가됐다. 1853년 1월 5일, 베이징에서 발표한 황제 칙령은 남부 지방 우창Wu-chang과 항양Hang-Yang의 총독과 지사들에게 세금 징수를 연기하라는 명령과 어떤 경우에도 평소 이상으로 징수하지 말라는 명령을 포함하고 있었다. 황제는 "그러지 아니하면 가난한 자들이 어떻게 감당하겠는가?"라고 되물으며 "짐의 백성들이 이 고난과 고통의 시기에 징세 관리들로부터 쫓기고 근심해야 하는 폐해를 면할 수 있도록" 조치하라고 칙령에 덧붙였다. 생각해보면 1848년 독일에 있어 중국 역할을 했던 오스트리아에서

11 제1차 아편전쟁(1839~1842).

도 이런 발언과 양보 조치가 있었다.

중국의 재정 상태와 도덕성, 산업과 정치 구조를 해체하는 역할을 한 이 모든 요인들은 1840년 영국의 화포 앞에서 더욱 활개칠 수 있었다. 결국 황제의 권위는 무너지고 천조국은 지상 세계로 떠밀렸다. **중국을 보존하기 위해서는 외부 세계와의 완전한 단절이 필수 조건이었다. 하지만 그 단절 상태는 영국에 의해 폭력적인 종말을 맞았다.** 밀폐된 관 속에 조심스럽게 보관되어 오던 미라가 바깥 공기와 접촉하는 순간 분해되듯 중국의 분해는 피할 수 없다. 이렇게 영국은 중국의 혁명을 촉발했고, 이제 문제는 그 혁명이 시간이 지났을 때 영국과 유럽에 어떤 영향을 미칠지다. 답은 간단하다.

독자들은 1850년 이래 영국의 제조업이 더할 나위 없이 빨리 성장했다는 소식을 접했을 것이다. 이런 놀라운 번영 속에서도 곧 다가올 산업 위기의 전조 증상은 쉽게 알아챌 수 있다. 캘리포니아와 호주라는 상황[12]도 있고, 전례 없는 대규모 이민 행렬도 있지만, 어떤 특별한 사건 사고가 없더라도 언젠가는 시장의 확장 속도가 영국 제조업의 확장 속도를 따라잡지 못하는 시점을 맞을 수밖에 없다. 그리고 그 격차는 과거에 그랬던 것처럼 새로운 위기를 촉발할 게 뻔하다. 거대한 시장이 갑자기 얼어붙기 시작하면 위기는 반

12 캘리포니아의 골드러시(1848~1855), 호주의 골드러시(1851).

드시 그만큼 빠르게 닥친다. 중국 내의 반란은 당분간 영국에 바로 그런 영향을 미칠 것이다. 영국이 차 관세를 인하한 주요 이유는 새로운 시장 개척의 필요성(또는 기존 시장 확대의 필요성)이었는데, 영국의 차 수입이 증가하면 중국으로의 제조품 수출도 증가할 거라고 예상했기 때문이다.

자, 영국의 대중국 수출액은 동인도 회사의 무역 독점권이 폐지된 1833년 이전에는 600,000파운드에 지나지 않았는데 1836년에는 1,326,388파운드로 증가하고 1845년에는 2,394,827파운드까지 증가했다. 1852년에는 약 3,000,000파운드에 달했다. 중국에서 수입하는 차는 1793년 기준 16,167,331파운드밖에 되지 않았지만 1845년에는 50,714,657파운드, 1846년에는 57,584,561파운드로 증가해서 현재는 60,000,000파운드를 웃돈다.

지난 한철 차 수확량은 상하이의 수출 목록에서 확인되듯 작년 대비 2,000,000파운드 이상 늘었을 것으로 보인다. 초과 물량은 두 가지 상황으로 설명할 수 있다. 1851년 말에 경기가 상당히 침체되어 남아 있던 재고가 1852년 수출 물량에 편입된 경우, 아니면 최근 차 수입과 관련해 영국의 법이 개정되었다는 소식이 중국에 전해지면서 남아 있는 모든 물량이 크게 할인된 가격에 시장에 풀린 경우다.

하지만 다음 수확철이 되면 이야기는 완전히 달라진다. 런던에 있는 대형 차 회사가 전한 소식이 그 상황을 잘 보여준다.

상하이의 위기감은 극에 달했다. 금 시세는 25% 이상 올랐다. 사재기 수요가 몰렸기 때문이다. 은의 경우 전량 자취를 감췄다. 입항하려는 영국 선박이 중국에 입항료를 지급하려 해도 은을 **구할 수조차** 없다. 결국 알콕 영사는 동인도 회사의 어음이나 기타 보증된 증권이 돌아오는 대로 중국 정부에 입항료 지급을 책임지기로 동의해야 했다. **귀금속 주화의 희소성**은 상거래의 가까운 미래를 고려할 때 가장 불편한 특성으로 꼽힌다. 정작 필요할 때 자취를 감추기 때문이다. 차나 실크 구매상이 내륙으로 가서 선매를 진행하려고 할 때가 그런 경우다. **생산자들이 생산을 마칠 수 있도록 다량의 금은 주화를 선금으로 치러야 하기 때문이다.** (…) 매년 이맘때쯤 새로운 찻잎 확보에 나서야 하지만, 현재로서는 어떻게 장사를 유지하고 어떻게 먹고 살아야 할 지에 대한 얘기는 전무한 채 모든 거래가 중지된 상태다. (…) 4~5월까지 찻잎을 확보할 방법이 마련되지 않는다면 질 좋은 홍차와 녹차의 햇작물 확보는 물 건너갔다고 봐야 한다. 크리스마스에도 수확되지 않고 남아 있는 밀처럼 그건 있어도 없는 것이나 마찬가지다.

중국 해안에 주둔하고 있는 영국이나 미국, 프랑스 함대는 찻잎을 확보할 방법을 마련해주지 않을 것이다. 차를 생산하는 내륙과 수출하는 항구 사이의 모든 거래를 끊어 놓는 등 오히려 찻잎 확보를 어렵게 만들 가능성이 높다. 따라서 시가 상승이 예상된다. 런던에서는 이미 투기가 시작됐다. 공급이 크게 부족할 게 분명하다. 뿐만 아니다. 혁명의 격동기에 놓인 이들이 대부분 그렇듯, 중국인들 또한 자신들이 갖고 있는 거추장스러운 상품 재고를 외국인에게 팔아버릴 준비가 되어 있다. 동시에 그들은 물품 비축에 나설 것이다. 큰 변화의 우려가 닥칠 때 동양인들이 늘 그래왔듯이, 중국인들은 차와 실크를 판 대금으로 오직 금은 주화만 받아 쌓아놓기 시작할 것이다.

영국은 이제 주요 소비품 중 하나인 차의 가격 상승 및 금과 은의 고갈, 영국 면화와 모직 제품을 수입하던 시장의 대대적인 위축을 눈앞에 두고 있다. 무역업자들의 평온한 마음을 위협하는 모든 것에 긍정의 마술을 부리던 〈이코노미스트〉조차도 이런 어조를 쓸 수밖에 없는 상황이다.

> 우리가 중국만큼 큰 수출 시장을 찾아낼 수 있을 거라는 착각은 하지 말아야 한다. 확률상 대중국 수출은 더 어려워지고, 맨체스터나 글래스고 생산 제품에 대한 수요가 감소할 가능성이 크다.

여기서 주목해야 할 것은, 차와 같은 필수품의 가격 상승과 중국 같은 주요 수출 시장의 위축 시기가 서유럽의 흉작과 비슷한 시기에 겹칠 거라는 점이다. 그러면 육류와 옥수수를 비롯한 모든 농산물의 가격도 동시에 상승하게 된다. 제조품의 타깃 시장도 위축된다. 국내외를 막론하고 일차 생활필수품의 가격이 오르면 공산품의 수요가 반드시 하락하기 때문이다. (중략)

18세기에 들어선 이래 유럽의 모든 주요 혁명에 앞서는 무역 위기나 금융 위기가 있었다. 1789년 혁명 때는 물론이고, 1848년 혁명 때도 마찬가지였다. 우리는 지배 권력과 그에 종속된 계급 간, 국가와 사회 간, 여러 계급 간의 충돌을 보여주는 위협적 징조를 매일 목격하고 있다. 그리고 기존 세력 간의 마찰이 점점 심해져 이제 칼을 뽑아 들 시점, 그러니까 군주들 간의 끝장 대결이 필요한 시점에 다다르고 있다. 유럽에서는 매일같이 대대적인 전쟁 소식을 전하는 보도가 이어지고, 그 보도는 며칠 간의 평화를 약속하는 바로 다음 날의 보도에 묻혀버린다. 그럼에도 불구하고 우리는 확신할 수 있다. 유럽 국가 간의 갈등이 고조되고 외교의 지평이 위태로워 보이더라도, 여기저기서 과격 집단의 움직임이 보이더라도 군주들의 격노와 대중의 분노 모두 경제 번영의 기미 앞에서는 똑같이 누그러진다는 사실을.

우리는 확신할 수 있다. 유럽 국가 간의 갈등이 고조되고 외교의 지평이 위태로워 보이더라도, 여기저기서 과격 집단의 움직임이 보이더라도 군주들의 격노와 대중의 분노 모두 경제 번영의 기미 앞에서는 똑같이 누그러진다는 사실을.

전쟁이나 혁명만으로는 유럽의 논의를 끌어내기 힘들지만, 무역과 금융의 전면적인 위기 경우라면 다를 것이다. 그리고 그 위기의 신호를 알리는 건 언제나처럼 유럽 산업계를 대표하는 영국일 것이다. 영국은 전례 없는 수준으로 공장을 증축했고, 정당은 뿔뿔이 해체됐다. 프랑스의 전체 국가 기능은 막대한 사기와 주식 투기로 변형됐다. 오스트리아는 도산 직전이다. 곳곳의 악행이 모인 결과 대중의 복수가 눈앞에 다가왔다. 수구 권력 사이의 이해가 충돌하고 러시아의 정복욕이 또다시 전 세계에 공개된 이 시점에, 무역과 금융 위기가 정치적으로 어떤 결과를 낼지 고민하는 건 쓸데없는 일이다.

아일랜드 소작농의 권리에 대하여

Irish Tenant Right

×

New York Daily Tribune 1853. 7. 11.

현재 연합정부[13]는 아일랜드당의 지지에 의존하고 있다. 하원을 구성하는 다른 정당들은 힘의 균형이 정확히 맞아떨어져 있는 상태다. 아일랜드는 자신들이 원하는 쪽으로 언제든 균형추를 기울일 수 있게 됐다. 드디어 아일랜드 소작농과 관련해 일정 부분 양보 조치가 이루어질 전망이다.

지난 금요일 하원을 통과한 '(아일랜드) 임대권에 관한 법안'에 포함된 조항을 보면, 소작농이 소작지의 토지 위 또는 토지와 분리 가능한 부분을 향상시킨 경우[14] 임대 기간 만료와 동시에 보상금을 수령할 수 있다. 이때 새로 들어오는 소작농은 평가액에 준하는 금액으로 해당 시설 등을 넘

13 'Aberdeen ministry'라는 보수 연합당으로 추측된다.

14 법안의 언급 범위에 따르면, 아일랜드 소작농은 토지를 경작 가능한 상태로 만드는 데서부터 토지 경계와 펜스 설치, 출입문 및 화장실 설치 등을 위해 돈을 지출하는 일이 잦았던 것으로 보인다.

겨받을 수도 있다. 소작지의 토양 자체를 향상시킨 경우, 이에 대한 보상은 지주와 소작농 간의 계약에 따른다는 조항도 담겼다.

소작농은 자신이 가진 자본을 어떤 형태로든 토지에 투입하게 되고, 이에 따라 토지를 개선하게 된다. 땅에 물 대기, 배수하기, 거름 주기 같은 직접 투자 또는 경작을 위한 시설물을 짓는 등의 간접 투자가 이에 해당한다. 하지만 이 경우 지주는 이에 비례해 소작료 인상을 요구하게 마련이다. 이런 요구에 순응할 경우, 소작농은 자기가 쓴 돈의 이자까지 지주에게 바치는 셈이 된다. 그렇다고 인상 요구를 거부하면 소작농은 인정사정 없이 쫓겨나고, 다음 소작농이 그 자리를 대체한다. 다음 소작농은 전임자가 지출한 바로 그 비용 때문에 더 높은 소작료를 낼 것이고, 그 역시 소작지를 개선하는 역할만 하다가 마찬가지 방식으로 대체되고 만다. 전임자보다 더 못 볼 꼴을 보지 않으면 그나마 다행이다.

경작지 근처에 살지도 않는 지주들이 이런 손쉬운 방식으로 한 세대 전체의 노동력과 자본을 자기 호주머니에 집어넣을 수 있었다. 아일랜드 소작농들은 세대를 거치며 사회적 처지가 한 계단씩 더 낮아졌다. 추락의 깊이는 자신들이 처한 상황과 가족의 안위를 개선하고자 들인 몸부림과 희생에 정확히 비례했다. 성실하고 계획적인 소작농은 바로 그 근면함과 계획성에 대한 대가를 치러야 했다. 반대로 무기력하고 어리숙하면 "켈트족의 태생적 열등함"이라는 멸시를 받았다. 소작농은 선택권 없이 가난뱅이가 되는 수밖에 없었다. 근면해서 가난뱅이가 되거나 어리숙해서 가난뱅이가 됐다. 이런 현실을 바꾸기 위해 아일랜드에서는 '소작농의 권리'가 주장되기 시작했다. 여기서 '권리'는 경작하는 토지 자체가 아니라 소작농이 토지를 향상시키기 위해 직접 비용을 들인 부분에 관한 것이다. 〈더 타임스〉가 토요일자 사설에서 아일랜드 '소작농의 권리'를 어떤 방식으로 설명하는지 살펴보자.

무기력하고 어리숙하면 "켈트족의 태생적 열등함"이라는 멸시를 받았다. 소작농은 선택권 없이 가난뱅이가 되는 수밖에 없었다. 근면해서 가난뱅이가 되거나 어리숙해서 가난뱅이가 됐다.

> 농지를 점유하는 데는 일반적으로 두 가지 방식이 존재한다. 소작농이 정해진 햇수 동안 토지를 임대하는 방식, 또는 통지를 받는 즉시 언제든 토지 점유가 해지되는 방식이다. 첫 번째의 경우, 소작농은 소작 기간 만료 전까지 직접 지출한 비용의 혜택을 자신이 최대한 찾아갈 수 있도록 그에 맞춰 비용 지출을 조정할 것이다. 두 번째의 경우, 소작농은 정당한 혜택이 돌아온다는 보장이 없으므로 토지에 투자하는 위험을 무릅쓰지 않는 게 당연하다.

지주의 관점에서 보면, 대규모 자본가 계층은 상업, 제조업, 농업 등에 입맛대로 자본을 투자할 수 있다. 마찬가지로 자본을 가진 농부라면 장기 임대를 선택하든 임시 임대를 선택하든, 어쨌든 돈을 내는 데 따른 '적절한' 이익을 거둘 방법을 알고 있을 것이라 생각할 수 있다.

하지만 아일랜드의 상황에서 이러한 추측은 큰 오판이다. 한쪽에는 토지를 독점한 소수가 존재하고, 반대쪽에는 푼돈만 가진 소작농이 수없이 존재한다. 소작농은 토지 외에 어떤 곳에 투자할 방법도 없고, 종사할 수 있는 다른 생산 분야도 없다. 자연스럽게 아일랜드 농민들은 '지주 중심 소작제'로 내몰린다. 지주 중심 소작농은 얼마 없는 자본이나마 투자하지 않으면 수입이 줄어들 가능성이 크다. 수입을 유지하기 위해 자본을 투자한다 해도 그 자본을 잃을 위험 또한 감수해야 한다. 〈더 타임스〉는 이렇게 말을 잇는다.

> 누군가는 이렇게 주장할지 모른다. 거의 모든 소작농의 경우, 어떤 형태로든 소작농 본인의 소유물에 속하는 무언가를 토지에 남기고 떠나게 될 테니 그에 대한 보상 규정이 있어야 한다고 말이다. 일리 있는 말이다. 하지만 적절한 사회 환경 아래에서 임차계약에 따라 지주와 소작농이 그런 요구를 어렵지 않게 조율할 수 있어야 한다. 의회를 통한 입법은 효과적인 대안이 아니기 때문에 우리는 사회 환경이 이런 협의 과정을 규제하는 주체여야 한다고 믿는다.

그렇다. '적절한 사회 환경' 아래서라면 영국 의회는 아일랜드의 소작제에 간섭하지 말아야 한다. 사회 환경이 적절하다면 우리가 군인이나 경찰, 사형집행인의 개입을 바랄 일이 없듯 말이다. 입법부와 치안 판사, 군대 조직 전부 '적절하지 못한' 사회 환경의 결과물일 뿐이다. 이들은 제삼자의 강압적 개입이 필요 없는 개인 간의 협의를 훼방하는 역할을 할 뿐이다. 그 사이에 〈더 타임스〉가 사회혁명론으로 노선을 바꾸었을 리 없다. 의회 입법을 대신해 **사회적** 혁명이 '사회 환경'과 그에 의한 '협의 절차'를 재정비하기 바라는 건 더더욱 아닐 테고 말이다.

'적절한 사회 환경' 아래서라면 영국 의회는 아일랜드의 소작제에 간섭하지 말아야 한다. 사회 환경이 적절하다면 우리가 군인이나 경찰, 사형집행인의 개입을 바랄 일이 없듯 말이다.

영국은 아일랜드의 사회 환경을 무너뜨렸다.[15] 먼저 토지를 몰수했고, 다음엔 '의회 입법'이라는 명분으로 산업 기반을 억눌렀다. 마지막으로 무력을 동원해 사람들의 활기조차 없애버렸다. 그러니까 영국이 바로 그 끔찍한 '사회 환경'을 만들어낸 것이다. 아일랜드 국민들이 어느 땅에서 어떻게 먹고살지에 대해 탐욕스러운 소수 '귀족 나부랭이'

15 1800년 영국과 아일랜드의 합병, 문호 개방으로 산업은 죽고 농경에 의지하다가 훗날 대기근에 시달렸다.

계급이 명령을 내리는 그런 환경 말이다.

아일랜드 국민은 이러한 '사회 환경'을 혁신하기에는 아직 힘이 없다. 그래서 의회에 규제 완화와 감독을 호소했다. 하지만 〈더 타임스〉는 '그건 안 된다'고 답한다. 자신이 처한 사회 환경이 합당하지 않다고 해서 의회가 그걸 바꿔줄 수 없다고 말한다. 그렇다고 아일랜드 국민들이 당장 내일이라도 〈더 타임스〉의 조언대로 직접 사회 환경을 바꾸려고 한다면 〈더 타임스〉는 누구보다 먼저 총검에 호소할 것이고, '켈트족의 태생적 열등함'에 대해 지독한 비난을 쏟아낼 것이다. 앵글로색슨식 평화로운 조정과 법적인 조치를 주장하며 말이다.

〈더 타임스〉는 말한다. "지주가 소작농을 고의로 학대한다면 다음 소작농을 구하는 게 훨씬 더 어려워질 것이다. 지주의 본업은 땅을 빌려주는 일인데, 더 이상 땅을 세놓는 게 어렵게 됐음을 깨닫게 될 것이다." 하지만 아일랜드의 실상은 꽤 다른 모습을 띤다. 지주가 소작농을 괴롭힐수록 다른 소작농을 괴롭히는 게 쉬워진다. 쫓겨난 자리에 들어오는 소작농은 전임자를 박해하는 수단이고, 쫓겨나는 이는 다음 소작농을 억압하는 기능을 한다. 언젠가 지주도 소작농을 괴롭힌 결과로 자신을 망치고 피해를 보게 될 거라는 생각은 단순한 개연성이 아니라 엄연한 사실이다. 이미 피해를 본 소작농에게는 빈약한 위안거리일 뿐이지만.

〈더 타임스〉는 "지주와 소작농의 관계는 두 상인의 관계와 같다"고 말한다. 〈더 타임스〉 사설 전반에 만연한 그릇

된 가정이 바로 이 부분이다. 궁핍한 아일랜드의 소작농은 토지에 매여 있지만, 토지는 잉글랜드 귀족에 속해 있다. 그러니 둘의 관계는 권총을 들이대는 강도와 지갑을 내주는 나그네의 관계라고 부르는 편이 더 낫다.

〈더 타임스〉는 덧붙인다. "그럼에도 아일랜드 지주들과 소작농의 관계는 조만간 입법보다 더 강력한 기능에 의해 개혁될 것이다 (…) 아일랜드의 토지는 빠른 속도로 새 주인에게 넘어가고 있다. 현재의 이민 속도가 계속된다면 아일랜드의 경작지도 같은 변화를 거칠 것이다." 적어도 이 부분에서 〈더 타임스〉의 말은 진실이다. 영국 의회는 현재로서는 간섭할 생각이 없다. 기존의 낡은 체제가 모두를 초토화하며 몰락하고, 잘 나가던 토지의 지주는 저당부동산 심의회[16]의 철퇴에 나가떨어지고, 궁핍한 소작농은 강제 이주로 쫓겨나고 있지만 말이다. 모로코의 옛 술탄이 떠오른다. 양쪽의 갈등을 조정해야 하는 사건이 있을 때마다 술탄은 자신이 아는 가장 '강력한 해소책'을 썼다. 양쪽 모두를 죽여버리는 것이다.

소작농의 권리에 대해 〈더 타임스〉는 이렇게 결론 내린다. "공산주의적 소유권 배분은 큰 혼란을 가져오기 십상이다. (…) 토지에 대해 유일한 권리를 가진 사람은 지주뿐이

16 아일랜드 소작농이 대기근을 거치며 소작료를 내지 못하게 되니 지주도 대출금 등을 갚지 못해 종종 땅이 경매로 넘어가는 일이 있었다. 이를 주관했던 협의체 또는 법정을 말한다.

다." 〈더 타임스〉는 지난 반세기 동안 잠자는 에피메니데스[17]였던 듯하다. 사회개혁주의자도 아니고 공산주의자도 아닌 영국 중산층 정치경제학자들 사이에서 그동안 뜨거운 논쟁거리였던 지주 권리에 대해 전혀 들어본 바가 없나 보다.

영국 정치경제학의 창시자인 리카도는 지주의 권리에 대해 논박하지 않았다. 그들의 주장은 사실에 입각했을 뿐 권리에 입각한 게 아니라고 확신했기 때문이고, 정치경제학은 일반적으로 권리에 관한 물음과 전혀 관계가 없다고 믿었기 때문이다. 대신 리카도는 더 정중하면서도 과학적인 방식으로 – 더 치명적인 방식으로 – 토지 독과점을 공격했다. 리카도는 토지의 사적 소유가 노동자와 농부 개인의 권리와 별도로 현대식 생산구조에 위배되는 것이며 더는 필요치 않은 개념임을 밝혀냈다. 사적 소유에 따른 경제적 추출물인 토지 임대료는 훨씬 더 큰 공익을 위해 국가에 귀속되어야 한다고 주장했다. 끝으로 지주의 이익은 현대 사회에서 다른 모든 계급의 이익과 상충한다고 말했다. 리카도 학파가 이 전제를 바탕으로 토지 독과점에 반박하며 내린 모든 결론을 일일이 열거하면 매우 지루한 작업이 될 것 같다. 내 선에서는 영국의 최근 경제 권위자 세 명을 인용하면 충분할 것이다.

먼저 런던발 〈이코노미스트〉의 편집장인 J.윌슨을 보자. 그

17 고대 그리스의 예언자이자 철학자라고 알려진 반신화적 인물. 동굴에서 낮잠을 자다가 마을로 돌아와보니 그를 제외한 세상의 시간이 57년이나 흘러 있었다고 한다.

는 자유무역의 신봉자이자 휘그 당원인데, 그냥 당원이 아니라 휘그 내각 또는 연합 내각에서 매번 재무부 관련직을 맡은 인물이다. 그는 여러 기사를 통해, 굳이 따지자면 어느 개인 또는 개인의 집단에 국가 토지의 배타적 소유권을 부여하는 증서는 있을 수 없다고 말했다.

또 프랑시스 윌리엄 뉴먼Francis William Newman은 대놓고 사회주의를 반박할 목적을 갖고 저술한 《정치경제학 강의》에서 이렇게 말하고 있다.

> "자신이 살고 있는 땅이 아닌 이상 그 누구도 어떤 땅에 대한 자연권을 가질 수 없고 가져서도 안 된다. 땅을 이용할 권리만을 가질 수 있을 뿐이다. 다른 모든 권리는 인위적인 법률의 산물이다(<더 타임스>는 이를 '의회 입법'이라고 칭하겠지만) (…) 어느 시점에서든 땅 위에 누군가 **살아야** 할 경우, 그걸 막으려는 소유자의 권리는 종료된다."

아일랜드가 정확히 이런 경우다. 뉴먼은 아일랜드 소작농의 권리를 명시적으로 확인했으며, 영국 고위층 청중 앞에서도 강의를 통해 주장한 바 있다. 마무리를 위해 이번에는 허버트 스펜서Herbert Spencer의 저서인 《사회 정학》을 인용하겠다. 공산주의를 전면으로 반박하는 글이자 현시대 영국의 자유무역 이론을 가장 정교하게 논했다고 평가받는 글이다.

"그 누구도 (…) 다른 이가 땅을 사용하지 못하는 방식으로 토지를 이용할 수 없다. (…) 즉, 공정성을 위해서라면 토지의 소유권은 용인되어서는 안 된다. 그렇지 않으면 사람들은 모두 누군가의 자비를 구해야만 땅에 발을 붙일 수 있을 것이다. 땅이 없는 이들은 죄다 지상에서 추방당하고 말이다. (…) 현존하는 토지 소유권이 마치 합법적인 것처럼 눈가림해서는 안 된다. 그런 생각을 하는 이가 있다면 연대기를 읽게 하라. (…) 태초의 토지 증서는 펜이 아니라 칼로 쓰였다. 토지 중개인은 변호사가 아닌 군인이었다. 토지 대금으로 지급된 것은 일방적인 구타였고, 토지 계약서의 도장은 인주가 아니라 피로 찍혔다. 그런데도 정당한 토지권이 성립될 수 있을까? 전혀 그렇지 못하다. 그렇게 얻은 토지의 다음 소유주의 권리는 어떻게 될까? 매매 또는 증여가 된다 해서 없었던 권리가 발생한다고 봐야 하는가? 한번 증여함으로써 소유권이 생성되지 않는다면 여러 번 물려준 경우엔 소유권이 인정되는가? (…) 소유권의 억지 주장이 유효한 권리로 둔갑하는 비중은 매년 얼마나 되는가? (…) 토지 증서와 관례, 법률에도 불구하고 지구 표면에 대한 인류의 공통적인 권리는 여전히 유효하다. (…) 토지가 사유 재산이 될 수 있는 방법은 찾기가 불가능하다. (…) 우리는 법을 통해 일상적으로 지주주의를 부정하곤 한다. 운하나 철도, 고속도로를 만들면서 우리는 필요한 만큼의 땅을 몰수하는 데 양심의 가책을 느끼지 않는다. (…) 동의를 기다리지도 않는다. (…) 필요한 변화는 그저 지주를 바꾸는 것뿐이다. (…) 개인의 소유물이 되는 대신 국가가 하나의 거대한 공동 조직 - 우리 사회 전체 - 의 소유가 되는 것이다.

소작농은 개별 소유주가 아니라 국가로부터 땅을 빌리게 될 것이다. 아무개 경이나 아무개 공에게 내던 소작료를 해당 지역의 관리인 또는 대리인에게 납부하고 말이다. (…) 토지에 대한 배타적 독점권의 끝은 결국 토지를 독점하는 독재주의일 것이다.

정리하자. 현시대 영국 정치경제학자들의 의견에 따르면 자신의 나라 안에 있는 땅에 대해 유일한 권리를 가진 이들은 토지를 강탈하는 잉글랜드의 지주가 아니라 아일랜드의 소작농과 일꾼들이다. 아일랜드 국민들의 요구를 부정함으로써 〈더 타임스〉는 결론적으로 영국 중류 사회의 과학적 지식을 정면으로 부정하는 꼴이 되었다.

차티스트 운동[18]

Chartism

×

New York Daily Tribune 1853. 7. 14.

노동자 파업과 연대 조직 구성이 전례 없는 수준으로 빠르게 퍼지고 있다. 지금 내 앞에 놓인 보고서에는 스톡포트의 각종 직공들과 맨체스터의 대장장이와 방적공과 방직공, 키더민스터의 융단 직공들, 브리스톨 근방 링우드 탄광의 광부들, 블랙번의 베틀 직공들, 다웬의 방직공들, 보스턴의 장롱 제작공들, 볼턴과 그 근방의 마전장이, 후처리공, 염색공과 베틀 직공들, 반슬리의 방직공들, 스피털필즈의 광폭 비단 직공들, 노팅엄의 레이스 제작공들, 버밍엄 지역의 각 분야 노동자들과 다른 지역 노동자들의 파업에 대한 내용이 담겨 있다. 들어오는 우편물마다 또 다른 파업에 관

18 인민헌장에 담긴 요구사항을 중심으로 일어난 사회운동. 참여자들을 '차티스트'로 불렀다. 헌장의 여섯 가지 중심 요구사항은 특정 기득권에게만 허락된 선거권을 확대하는 등 민주적 의회주의의 도입을 포함했으며, 노동자 계층의 폭넓은 지지를 받았다.

한 내용을 담고 있으며, 참가 규모는 급속히 늘고 있다.

스톡포트나 리버풀에서처럼 대규모 파업이 한번 일어나면 필연적으로 작은 규모의 파업이 여럿 발생한다. 대다수의 노동자는 고용주를 상대로 저항 행동을 하는 데 어려움을 겪는데, 그래서 연대하는 다른 노동자들에게 도움을 호소하게 된다. 그러면 다른 노동자들은 이를 지지하기 위해 자신의 고용주에게 임금 인상을 요구하기도 한다. 한 지역의 노동자들이 애쓰는 동안 다른 지역 노동자들이 하향된 노동 조건을 받아들여 그 노력을 무의미하게 만들지 말자는 게 노동자들 사이에서 일종의 신념이자 관심사가 된 셈이다. 이렇게 한 지역의 파업이 저 멀리 다른 지역의 파업 동참이라는 메아리로 되돌아오기도 한다.

다른 노동자들은 이를 지지하기 위해 자신의 고용주에게 임금 인상을 요구하기도 한다. 한 지역의 노동자들이 애쓰는 동안 다른 지역 노동자들이 하향된 노동 조건을 받아들여 그 노력을 무의미하게 만들지 말자는 게 노동자들 사이에서 일종의 신념이자 관심사가 된 셈이다.

어떤 경우에는 임금 인상 요구가 이미 오래전부터 체불된 임금을 정산하는 것에 지나지 않는데, 이번 대규모 스톡포트 파업의 경우가 그랬다. 1848년 1월, 스톡포트의 제분업자들은 전체 공장 노동자의 임금을 10퍼센트 삭감하기로 했다. 경기가 회복되면 임금을 원상 복구하는 조건이었다. 이에 따라 1853년 3월, 노동자들은 고용주들이 과거 약속했던 10퍼센트의 임금 재인상을 건의했다. 고용주들이 노동자와 타협을 거부하자 3만 명이 넘는 노동자들이 파업에 나섰다. 대부분의 공장 노동자들은 국가 호황의 결실, 특히 고용주가 얻은 호황의 결실을 **나눠 가질 권리**가 있다고 주장했다.

이번 파업의 두드러진 양상 하나는 파업이 공장 노동자가 아닌 비숙련 노동을 하는 하위 계층에서 먼저 시작되었다는 점이다. 이들은 이민의 영향으로 일자리를 얻은 이들이다. 파업은 기능공 계층을 아우르며 번져 나갔고, 대규모 공업 중심지에서 일하는 공장 노동자에게까지 번졌다. 과거의 파업은 늘 공장 노동자나 기계공, 방적공 대표자들로부터 시작되어 거대 산업 피라미드의 하단으로 퍼지곤 했다. 기능공은 가장 마지막에나 동참하곤 했다. 이러한 변화는 이민의 직접적인 결과로 보인다.

박애주의자 무리, 심지어 사회주의자 중에도 파업이 '노동자들의 자기 이익'을 크게 해하는 행위라고 여기는 이들이 존재한다. 그들은 적정 수준의 임금을 꾸준히 확보하는 방법을 찾겠다는 원대한 계획을 내세운다. 하지만 경기는 생각보다 자주 오르내림을 반복해 적정 수준의 임금이란 걸 불가능하게 만든다. 그래서 사실 나는 완전히 반대로 생각한다. 임금의 상승과 하락, 그에 따른 고용주와 노동자 간의 끊임없는 갈등은 현재 산업 구조에서 노동 계층의 정신을 떠받치고, 지배 계급의 공격에 맞서는 대대적 연대를 구성하기 위한 도구 역할을 한다. 그리고 배만 부른 노동 계층이 무식한 생산 도구로 전락하거나 이런 일에 무관심해지는 것을 방지하기도 한다. 어떤 사회가 계층 간 반목의 토대 위에 서 있는데, 그 사회에서 말로만이 아니라 정말로 착취 구조를 몰아내고자 한다면 우리는 기꺼이 전쟁을 치러야 한다.

어떤 사회가 계층 간 반목의 토대 위에 서 있는데, 그 사회에서 말로만이 아니라 정말로 착취 구조를 몰아내고자 한다면 우리는 기꺼이 전쟁을 치러야 한다.

파업과 연대의 진가를 제대로 이해하려면 파업과 연대를 통한 경제적 이득이 겉보기에 그리 크지 않다는 점에 매몰되지 말아야 한다. 대신 정신적, 정치적 성과를 우선적으로 고려해야 한다. 현대 산업은 주기적으로 불경기와 호황, 경기 과열, 위기, 빈곤기의 큰 흐름을 반복한다. 그 결과 임금이 오르내리고, 임금과 이윤의 변동에 따라 고용주와 노동자 사이의 계속된 투쟁이 벌어진다.

이렇게 큰 흐름이 반복되는 과정이 없다면 영국과 유럽 전역의 노동 계층은 기력이나 의지를 잃고 저항할 줄 모르는 집단이 되고 말 것이다. 그리고 노동자들의 자기 해방은 고대 그리스와 로마 노예의 경우처럼 불가능해질 것이다. 여기서 우리가 잊지 말아야 할 점은, 중세시대 농노들의 파업과 연대 조직 구성이 있었기에 코뮌 형성이 가능했고, 코뮌이 결과적으로 오늘날 지배층인 부르주아 계층을 낳았다

는 사실이다.[19]

나는 얼마 전의 글에서 현재 노동계의 위기 상황이 영국 내 차티스트 운동에 얼마나 큰 영향을 끼칠지 예상한 바 있다. 그 결과는 차티스트 리더 어니스트 존스에 의해 재개된 캠페인이 첫 2주간 얻은 성과를 통해 확인할 수 있다. 알다시피 첫 번째 대규모 야외 총회는 블랙스톤-엣지 산에서 열렸다. 지난달 19일 랭커셔와 요크셔 각 지역의 대표들이 그곳에 모여 대표자 의회를 구성했다. 이 두 지역의 청원안을 토대로 제안된 어니스트 존스의 인민헌장 청원안은 만장일치로 채택됐다. 랭커셔와 요크셔의 탄원서는 앞으로 모든 차티스트 청원서의 제출을 담당할 서더크 출신 앱슬리 펠랏 의원에게 맡기기로 결정했다.

아무리 긍정적인 사람이라도 이 날씨에는 불가능할 거라 여길 정도로 궂은 날씨 속에 총회가 열렸다. 태풍이 시시각각 거세지고 비는 쉼 없이 쏟아졌다. 처음엔 산등성이를 오르는 몇몇 무리의 사람만 보였는데, 이내 더 많은 사람들이 시야에 들어왔다. 주변을 둘러싼 계곡이 내려다보이는 언덕 위에 서면 저 멀리 가늘지만 꾸준히 산을 오르는 행렬이 보였다. 주변 지역에서 올라오는 도로와 좁은 길을 따라 땅을 내려치는 물줄기를 뚫고 사람들이 올라오는 모

19 코뮌은 중세 유럽에서 시작된 주민자치 공동체다. 왕 또는 영주로부터 자유를 얻기 위한 운동의 결과로, 주로 상공인 주도로 도입되었다.

습을 볼 수 있었다. 총회 시작을 알릴 때쯤에는 3,000명 이상의 사람들이 자리했다. 사람 사는 곳에서 한참 떨어진 황량한 장소에서, 긴 연설과 맹렬한 폭우에도 불구하고 총회는 굳건히 이어졌다.

에드워드 후슨의 결의안은 이랬다. "한 국가 노동자 계층의 사회적 불만은 특정 계급을 위한 입법의 결과입니다. 이런 계급 차별적 입법의 유일한 해결책은 인민헌장의 채택입니다." 해당 결의안은 차티스트 간부인 개미지와 어니스트 존스의 지지를 받았다. 후슨의 연설문 일부를 소개한다.

> "이번에 내놓은 결의안은 대중의 불만 원인을 계급 차별적 입법 제도에서 찾고 있습니다. 지금까지 벌어진 일을 지켜본 이들은 그 말에 분명히 동의할 겁니다. '하원'이라는 자들은 대중의 불만에 귀를 기울이지 않았습니다. 그리고 대중의 고통스러운 울부짖음은 '민중의 대표자'를 자처하는 이들에 의해 비웃음과 조롱의 대상이 되었습니다. 어렵게 하원에 전달된 대중의 한 가닥 목소리는 잔악한 계급 차별적 입법자들의 야유 속에 묻히고 말았습니다. (큰 박수)
>
> 하원은 우리를 공정하게 대하기를 거부했을 뿐만 아니라 우리가 어떤 사회적 상황에 놓여 있는지 알아보는 것조차 거부했습니다. 하원 의원들은 얼마 전 슬레이니 씨가 상임위원회 설립 발의안을 제출한 걸 잘 알고 있을 겁니다. 사회적 상황을 파악하고 구제책을 제시하는 게 의원들의 본업이지요. 하지만 하원 의원들은 어떡하든 그 질문을 피하려 들었습니다. 발의안이

상정될 때 하원에는 고작 스물여섯 명만 자리에 있었고, 정족수 미달로 논의조차 되지 못했습니다. ("부끄러운 줄 알라"는 외침) 재차 발의안을 제출하려 했지만 성공하지 못했습니다. 개미지 씨에 의하면 전체 656명 의원 중 논의라도 할 수 있도록 자리에 들어온 의원은 고작 19명뿐이었습니다. (…)

슬레이니 씨는 실제 대중이 처한 상황이 어떤지 의원들에게 설명하면서 의원들이 동의할 거라고 믿었습니다. 조사에 임할 이유도 충분하다고 믿었습니다. 정치경제학자들은 영국의 연간 생산량이 8억 2천만 파운드라고 발표했습니다. 영국의 노동자 가구가 500만이라고 가정하면 가구별 평균 수입이 주당 15실링이나 됩니다. 실제 노동자가 버는 것에 비해 과하게 차이가 나는 평균 수치였습니다. ("말도 안 되게 높지"라는 외침) 실제 평균적으로 버는 금액을 가정하면 노동자 가구는 그 막대한 연간 생산량에서 고작 1억 9500만 파운드를 가져간 셈입니다. ("어떻게 이럴 수 있냐"는 외침) 그 나머지는 전부 게으른 지주들과 고리대금업자들, 자본가 계급의 호주머니로 들어갔습니다. 하원은 이런 자들이 날강도라는 증거를 요구라도 했습니까? (…)

가장 극악한 강도들은 감옥 안에 있는 이들이 아닙니다. 가장 악랄하고 교활한 강도들은 자신들이 만든 법의 힘을 이용해 강도질한 이들입니다. 그 대범한 강도질 때문에 나라 전체에 자잘한 강도질이 퍼진 겁니다. 개미지 씨는 하원 의원들을 분석해 이를 증명했습니다. 하원 의원들이 속한 계급과 그들이 대변하는 계급을 보니 수백만 노동자들과 눈곱만큼이라도 공감대를 갖는 게 불가능하다는 사실 말입니다. 결론은, 우리 대중이 사회적 기본권을 더 알아둘 필요가 있다는 겁니다."

또 어니스트 존스는 이렇게 말했다.

"오늘 우리는 인민헌장이 법이 될 것을 선언합니다. (큰 환호) 저는 여러분이 이 위대한 운동에 다시 동참하기를 촉구합니다. 이제 때가 무르익었고, 여러분의 손에 결정권이 달려 있기 때문입니다. 여러분이 이 기회를 그냥 놓쳐 버리지 않길 바랍니다.

무역 활황과 이민 덕에 여러분은 일시적으로 손에 힘을 얻었습니다. 그 힘을 어떻게 사용하는지에 여러분의 미래가 달렸습니다. 지금의 목표를 위해서만 그 힘을 사용한다면 지금과 다른 상황이 닥치는 순간 여러분은 무너지고 맙니다. 하지만 지금의 처우를 개선하기 위해서뿐만 아니라 미래의 지위를 보전하는 데 힘을 사용한다면 모든 적을 물리칠 수 있습니다. 무역 활성화와 이민이 여러분의 손에 권력을 쥐여 줬다면 그 권력은 무역이 침체되고 이민이 멈출 때 함께 사라질 겁니다. 미래가 오기 전에 여러분이 자기 몫을 챙기지 않으면 나중에 더 큰 노예의 굴레를 쓰게 됩니다. ("옳소!") 지금 여러분에게 주어진 권력의 원천은 머지않아 여러분의 약점이 될 겁니다. 여러분의 노동력을 귀하게 만들고 있는 이민의 추세는 머지않아 일자리 자체를 귀하게 만들 겁니다. 곧 시장의 대응이 시작될 텐데, 여러분은 어떻게 준비하고 계십니까? (…)

여러분은 노동 시간 단축과 임금 인상을 위한 고귀한 운동에 참여하셨습니다. 실질적으로 이 운동을 끌고 나가는 데 한몫을 하고 계신 겁니다. (…) 하지만 여러분은 의회의 문을 넘지 못하고 있습니다. 집중해 주십시오! 고용주들의 속셈은 이겁니다. 이것저것 양보한다고 하면서 상대를 달래되, 절대 법안은 내주지 않는 겁니다. 의회에서 임금 법안이 통과되지 못하게 하면서 몇 가지 조약만 실무 현장에서 양보하는 겁니다. ("옳소!")

임금 노예들은 그걸 보고 "10시간 노동 법안이나 임금 법안을 위한 정치 조직 같은 건 필요 없어. 우린 의회를 통하지 않고도 벌써 필요한 건 다 얻었어"라고 말합니다. 그런데 여러분, 그게 의회 없이 유지될까요? 무엇 때문에 그게 주어졌습니까? 무역 활황이죠. 그럼 언제 그걸 뺏기겠습니까? 무역이 침체될 때입니다. (…) 고용주는 이걸 알고 있습니다. 그래서 여러분의 노동 시간을 줄여주고, 임금을 올려주고, 조업 중단을 봐주면서 여러분이 정책 변화를 위한 정치 조직을 따로 꾸리지 않길 바라는 겁니다. (떠들썩한 함성)

고용주들은 여러분의 노동 시간을 줄여주면서 어차피 공장 가동 시간이 줄어든다는 점을 생각하고 있습니다. 고용주들은 여러분의 임금을 올려주면서 어차피 수많은 이들에게 임금을 지불하지 않아도 되는 상황을 생각하고 있습니다. 그들, 그러니까 미들랜드의 공장주들은 법안이 통과되더라도 결국 이런 이유 때문에 여러분을 착취할 다른 방법을 찾을 수밖에 없다고 말합니다. 그게 그들이 하는 말의 진의입니다. 그러면 어떻게 됩니까? 노동자를 위한 의회가 존재하지 않기 때문에 여러분은 법안을 통과시킬 수 없게 됩니다. 어찌어찌해서 법안을 통과시키더라도 공장주들은 자신들이 법망을 빠져나갈 거라 말하고 있습니다. ("옳소!")

자, 묻겠습니다. 여러분은 어떻게 미래를 대비하고 있습니까? 지금 일시적으로 손에 넣은 그 방대한 힘을 어떻게 사용하고 있습니까? (…) 지금 당장 준비하지 않으면 여러분은 힘을 잃습니다. 얻어낸 소득도 함께 잃을 겁니다. 오늘 이 자리에 모인 건 우리가 가진 걸 어떻게 지키고, 어떻게 더 많은 걸 얻어낼지 이야기하기 위해서입니다. (…)

어떤 이들은 차티스트 조직이 노동 운동에 방해가 될 거라고 생각합니다. 말도 안 됩니다! 차티스트 운동은 노동 운동을 성사시키기 위한 겁니다. 피고용인은 고용주 없이 존재할 수 없습니다. 자기 사업을 하는 게 아니라면 말이죠. 자기 사업을 하려면 노동 수단을 조달해야 합니다. 토지나 자본, 기계 같은 수단 말입니다. 지주와 자본가, 독점무역가를 해체하지 않고는 이런 수단에 절대 접근할 수 없습니다. 그들의 전복은 국가 수준의 권력을 통하지 않고는 어렵습니다.

우리가 10시간 노동 법안을 요구하는 이유가 뭡니까? 정치 권력이 노동의 자유를 확보하는 데 필요치 않다면 의회까지 갈 이유가 있습니까? 당장 공장에서 해도 되지 않습니까? 여러분은 이미 알고 있고 느끼고 있습니다. 말하지 않아도 이미 인정하고 있습니다. 사회적 해방을 얻기 위해 정치 권력이 필요하다는 것을요. (우렁찬 환호) 이제 여러분께 정치 권력의 기반을 제안합니다. 바로 참정권입니다. 여러분께 인민헌장을 제안합니다. (우렁찬 박수)

누군가는 이렇게 말할 수 있습니다. "위기가 올 때까지 기다

려서 수백만이 자발적으로 뭉치는 쪽이 더 낫지 않을까요?" 하지만 그게 아닌 이유는 우리가 원하는 것이 흥분과 위기감에 촉발된 운동이 아니라 침착한 이성과 도덕적 우월성에 기반한 운동이기 때문입니다. 우리는 흥분하지 않고 판단력에 따라 행동해야 합니다. 여러분이 태풍과 같은 움직임에 끌려가기보다 그 태풍을 다스릴 수 있도록 재정비할 것을 촉구합니다. 다시 말하지만 대륙에서 시작한 혁명에는 반드시 시장의 대응이 뒤따릅니다. 우리는 격동의 혼란 속에 길을 밝혀줄 강력한 차티스트 운동의 봉화를 올려야 합니다. (…)

그래서 오늘 우리는 우리의 운동을 재개합니다. 이 운동이 공인 받을 수 있도록 의회라는 단계를 거칠 겁니다. 의회가 우리 청원을 들어주길 기대하는 게 아닙니다. 우리를 위한 확성기로써 우리의 부활을 전 세계에 알리도록 의회를 이용하기 위해서입니다. 그렇습니다. 우리 운동에 사망 선고를 내린 그들이 의도치 않게 우리의 부활을 선포하는 영광을 누릴 겁니다. 이번 청원은 전 세계에 우리의 두 번째 탄생을 알리는 세례 명부인 셈입니다. (우렁찬 환호)

후슨의 결의안과 의회 청원안은 이날 그리고 같은 주에 있었던 후속 회의 자리 모두에서 열렬한 지지를 받았다.

영국 지배하에 있는 인도의 미래

The Future Results of British Rule In India

×

New York Daily Tribune 1853. 8. 8.

이번 글에서는 인도에 관한 논평을 마무리 짓고자 한다.

영국의 인도 점령이 가능했던 이유는 무엇일까? 위대한 무굴 제국의 최고 권력은 무굴 바이세로이에 의해 무너졌다. 무굴 바이세로이의 권력은 마라타 왕국에 의해 무너졌다. 마라타 왕국은 아프간인에 의해 무너졌고, 이처럼 모두가 치고받으며 싸우는 와중에 영국인들이 뛰어들어 모두를 제압할 수 있었다.

인도는 마호메트교와 힌두교, 부족과 부족, 카스트와 카스트로 나뉘어 있으며 사회 구조는 각 구성원 간의 전면적인 증오와 구조적 배척에 기반해 일종의 균형을 이루고 있었다. 나라와 사회가 이런 모습이었으니 애초에 정복당할 운명 아니었을까?

힌두스탄의 과거 역사를 전혀 모른다 쳐도 반박 불가한 사실이 하나 있다. 사실은 지금 이 순간에도 인도는 자국의 비용으로 운영되는 인도군의 손에 의해 영국의 지배를 받고 있다는 점이다. 그렇다면 인도는 정말로 정복당할 운명을 피할 수 없는 셈이다. 인도의 과거 역사는 오로지 잇달아 점령당한 기억뿐이고 말이다. 인도 사회에 역사라고는 존재하지 않는다. 적어도 우리에게 알려진 역사는 없다. 인도인은 저항도 하지 않고 변화에는 소극적이다. 우리가 인도의 역사라 부르는 것들은 바로 그 수동적인 토대 위에 제국을 건립한 침입자들의 역사일 뿐이다. 결국 문제는 영국인에게 인도를 점령할 권리가 있는지가 아니다. 인도의 정복자가 투르크나 페르시아, 러시아인 것과 영국인 것 중 우리가 어디를 더 선호하냐는 것이다.

영국은 인도에서 두 가지 임무를 완수해야 한다. 하나는 파괴의 임무고, 다른 하나는 재건의 임무다. 구아시아 사회를 절멸시키는 것, 그리고 아시아 땅에 서양 사회의 물질적 기초를 구축하는 것이다.

아랍인, 터키인, 타타르인, 무굴인 등 연이어 인도를 제패했던 이들은 곧 힌두화되었다. 변하지 않는 역사 법칙에 따라 야만적인 정복자들 스스로가 지배 대상의 우월한 문명에 의해 정복되고 만 것이다. 영국은 최초로 우월함에서 앞선 정복자였다. 그래서 힌두 문명에 동화되지 않았다. 대신 영국인들은 인도의 토착 공동체를 분해하고, 산업을 송두리째 뿌리 뽑고, 토착 사회가 가진 위대하고 고결한 것들을 모조리 초토화함으로써 힌두 문명을 파괴했다. 영국의 인도 지배를 기록한 역사는 이러한 파괴 이후의 일은 거의 언급하지 않는다. 잔해의 무더기 속에서 재건 작업이 쉬이 이루어질 리 없다. 하지만, 그럼에도 불구하고 재건은 시작되었다.

재건을 위한 첫 번째 조건은 위대한 무굴 제국 때보다도 더 공고하고 전폭적인 인도의 정치적 단결이었다. 영국의 칼날 끝에서 생겨난 단결은 이제 전보 시스템에 의해 강화되고 유지될 것이다. 영국 훈련 교관에 의해 조직되고 훈련받은 인도 토착군은 인도 해방에서 필수불가결한 요소였으며, 첫 외부 침략자의 먹잇감이 되는 걸 막는 역할을 했다. 아시아 사회에 처음으로 도입된 자유 언론은 주로 인도인과 유럽인의 교집합에 의해 운영되어 왔는데, 이 또한 재건을 위한 새롭고 강력한 매개체다. 자민다리Zamindari나 료트워리Ryotwari 제도 그 자체는 혐오스럽지만, 토지의 사유재산화 형식을 정의한다는 점에서 아시아 사회에 꼭 필요한 것이기도 하다.

더디고 드물지만 인도 토착민 사이에서는 영국인의 지도 아래 캘커타에서 교육받은 새로운 계층이 부상하고 있다. 공직에 필요한 자격을 갖추고 유럽식 과학에 통달한 이들이다. 증기기관 덕분에 인도는 유럽과 지속적으로 그리고 신속하게 소통할 수 있게 되었다. 주요 항구들은 남동부 바다와 연결됐고, 경기 침체의 주원인인 고립 상태도 해소됐다. 철도와 증기기관에 힘입어 가까운 미래에 영국과 인도의 시간상 거리는 8일 이내로 줄어들 것이다. 한때 영화로웠던 이 나라가 서구 세계의 일부가 될 날도 머지않았다.

영국의 지배층은 지금까지 인도 발전에 대해 일시적이

고 예외적으로만 관심을 가졌다. 영국의 귀족층은 인도를 지배하고 싶어했으며, 영국의 자본계층은 인도를 약탈하고 싶어했고, 영국의 제조업자들은 인도를 가격 경쟁에서 제치고 싶어했다. 하지만 상황은 역전됐다. 영국의 제조업자들은 인도를 생산 거점 국가로 발전시키는 게 중요하다는 걸 깨달았고, 그래서 무엇보다 인도에 관개수단 및 통신수단부터 제공해야 한다고 생각하게 되었다. 그들은 인도 전역을 덮을 철도망을 계획 중이고, 곧 실행에 옮기려고 한다. 그 결과는 대단할 것이다.

인도는 자신들이 생산한 물품을 운반하고 교환할 교통수단이 극단적으로 부족해 국가 생산력이 마비되어 있는 것으로 악명 높다. 자연환경은 풍요로운데 교역 방법이 전무해서 그 어디서도 볼 수 없는 총체적 빈곤을 겪고 있다. 이런 사실은 1848년 소집된 영국 하원의 한 위원회에서 증명된 바 있다.

> 칸데시에서 쿼터당 6~8실링으로 팔리는 곡물이 길거리에서 사람들이 굶어 죽고 있는 푸나(지금의 푸네) 지역에서는 64~70실링에 팔렸다. 칸데시로부터 곡물을 공급받을 가능성은 없었다. 비포장 흙길로는 수송할 수 없었기 때문이다.

도입된 철도는 손쉽게 농경 목적으로 활용할 수 있다. 저수지를 짓고 이에 필요한 토사를 옮기거나, 여러 선로로 물을 옮겨올 수 있다. 이로써 동양에서 농사를 지을 때 꼭 필요한 요소인 관개시설이 크게 확장될 수 있으며, 물 부족으로 인해 자주 반복되는 지역적 기근도 피할 수 있다. 여러모로 철도의 중요성은 명백하다. 관개지는 관개시설이 없는 토지에 비해 세금을 3배 이상 내고, 10~12배의 일자리를 만들어내고, 12~15배 수익을 낸다는 점을 기억하자. 이건 강변에 있는 가트 지역에서도 동일하다. 철도는 군사 시설의 규모와 유지 비용을 줄이는 방편이 되기도 한다. 세인트 윌리엄 군사기지 주무 장교인 워런 대령은 하원 특별위원회에서 다음과 같이 진술했다.

> "멀리 떨어진 지역으로부터 수 시간 또는 며칠에서 몇 주씩 걸려 첩보를 수신하는 현실이 얼마나 위중한지 모릅니다. 지령과 함께 더 빨리 부대와 물자를 내려보낼 수 있어야 합니다. 철도가 있다면 군부대를 지금보다 더 먼 곳으로 보낼 수 있고, 주둔 환경이 나은 기지로 보낼 수 있습니다. 질병으로 인한 희생을 피할 수도 있을 겁니다. 물류는 지금처럼 여기저기 창고지에 있을 필요가 없습니다. 상해서 발생하는 손실이나 날씨에 의한 폐기도 막을 수 있을 겁니다. 부대 규모 또한 효율성 개선과 비례해 축소될 겁니다."

인도의 지방 자치제나 마을 공동체의 경제적 기반이 해체됐다는 사실은 익히 알려져 있다. 그로 인한 최악의 부작용은 끈질기게 살아남은 상태다. 사회가 해체되면서 분절된 조직과 고정관념만 남은 것이다. 마을은 각자 고립됐다.

도로가 사라졌고, 도로가 없으니 마을의 고립은 지속됐다. 이런 구조에서 마을 공동체는 일정한 불편을 감수하면서 다른 마을과 교류 없이 존재했다. 사회적 발전을 향한 욕구나 노력도 없었다. 영국인들이 그런 배타적이고 관성적인 습성을 깨뜨린 것이다. 철도는 새로운 의사소통과 교류의 필요성을 불러일으킬 것이다. 또 이런 측면도 있다.

> "철도 시스템의 영향 중 하나는 해당 지역 마을 곳곳에 정보가 전파된다는 점이다. 다른 나라에는 어떤 기술과 기기가 존재하는지, 이를 얻으려면 어떻게 해야 하는지 알게 되는 것이다. 제일 먼저 대대로 녹을 받으며 일해 온 마을 장인들이 자신의 경쟁력을 증명해야 할 거고, 부족한 부분은 외부에서 채워질 것이다."
>
> - 채프먼, <인도 면화 및 상거래에 관하여, 95~97쪽>

영국의 제조업자들이 인도에 철도를 개통시켜 주는 데는 오로지 자신들의 가공품에 쓰일 면화나 다른 원자재를 더 싸게 가져가려는 의도가 숨어 있다는 걸 잘 알고 있다. 하지만 변화 중인 국가에 어떤 기계를 도입할 때, 특히 철과 석탄이 생산되는 나라의 경우 기계 도입의 여파까지 제어할 수는 없다. 거대한 나라 전역에 철도망을 운영하려면 철도 운행에 꼭 필요한 요구에 대처할 수 있는 각종 산업 과정의 발전이 필요하다. 그러면 철도와 직접 관련이 없는 산업 분야에서도 자연스럽게 기계 도입이 뒤따른다.

결국 철도 시스템은 인도 현대 산업의 진정한 선구자가 될 것이다.

영국 관리들은 인도인들이 완전히 바뀐 노동 업무에 적응할 수 있도록 특정 습성을 익히도록 하고 있고, 기계류에 관한 지식을 익히도록 허용하고 있어 이러한 예상은 더욱 확실시된다. 더 확실한 증거는 캘커타 조폐국에서 몇 년째 증기기관 관리 업무를 진행하고 있는 인도 현지인 엔지니어들의 능력과 기술력, 부르두완 탄광 지역에서 증기기관 여럿을 담당하는 인도 현지인 등 여러 경우에서 찾아볼 수 있다. 동인도 회사의 편파적인 시각에 크게 영향을 받은 캠벨Mr. Campbell조차 이렇게 공언한다.

> "인도라는 거대 인구 집단은 대단한 노동의 활력을 지녔으며 돈을 모으는 데 재능이 있고, 놀랍도록 뛰어난 수학적 논리성에 숫자 감각, 그리고 정밀과학 분야의 재능을 갖췄다. 그리고 인도인들의 지적 능력은 탁월하다."

인도의 발전과 힘을 달성하는 데 절대적인 장애물이자 카스트 제도의 기반이기도 한 계급 중심의 노동 체계는 철도 시스템 도입으로 촉발되는 현대 산업에 의해 해소될 것이다. 영국 부르주아 계급이 인도에서 행하게 될 모든 조치는 결과적으로 인도인 대다수가 처한 사회적 환경을 철폐하거나 유의미하게 개선시키지도 못할 것이다. 그건 생산 능력의 향상과 얽힌 문제이고, 인도인이 그 능력을 얼마나

그럼에도 불구하고 영국 부르주아 계급은 이 두 가지에 있어서 주춧돌을 놓는 역할은 확실히 하게 될 것이다. 부르주아 계급이 이보다 더 큰 역할을 한 적이 있기는 할까? 언제나 개인과 국가를 핏물과 먼지 속에 굴리고, 고통과 굴욕을 주면서 발전만 이루지 않았던가.

갖출 수 있을지에 달린 문제이기 때문이다. 그럼에도 불구하고 영국 부르주아 계급은 이 두 가지에 있어서 주춧돌을 놓는 역할은 확실히 하게 될 것이다. 부르주아 계급이 이보다 더 큰 역할을 한 적이 있기는 할까? 언제나 개인과 국가를 핏물과 먼지 속에 굴리고, 고통과 굴욕을 주면서 발전만 이루지 않았던가.

인도인은 영국 부르주아지가 인도 사회 여기저기에 뿌려 놓은 새로운 변화의 과실을 당장 맛보지는 못할 것이다. 영국 내의 현 집권층이 산업 프롤레타리아로 대체되거나 인도인 스스로 영국의 굴레를 완전히 벗어던질 만큼 충분히 강해진 이후에야 혜택을 볼 것으로 예상한다. 먼 미래의 일이겠지만, 이 위대하고 흥미로운 나라의 부활을 나는 확신한다. 솔티코프 왕자의 표현을 빌리자면, 온순한 인도인들은 가장 미천한 이조차 "이탈리아인보다 더 섬세하고 손재주가 좋다." 비록 굴복했지만 인도인은 묘하게 차분한 격을 갖추고 있으며, 태생적으로 나릿한 듯하지만 용맹함으로 영국 장교들을 놀라게 했다.
(중략)

인도에 대한 논의를 마치기 전에 몇 가지 덧붙이고자 한다. 부르주아식 문명의 끝없는 위선과 타고난 야만성은 우리 눈앞에 뻔히 드러나 있다. 본국에서는 점잖은 허울을 쓰고 있지만, 식민지 땅에서는 노골적인 모습을 드러낸다. 부르주아는 자신이 사유재산의 옹호자라고 한다. 하지만 혁명 정당 중 누가 한 번이라도 벵골이나 마드라스, 봄베이(현재의 뭄바이)에서 그랬듯 농민 봉기를 시작한 적이 있던가? 그야말로 날강도인 클라이브 경의 말을 그대로 빌리자면, 단순히 뇌물로 착취욕의 속도를 맞출 수 없게 되자 극악무도한 강탈에 의존한 것 아닌가? 부르주아는 유럽에서 국가 채무의 불가침한 신성함에 대해 얘기했지만, 정작 인도에서는 동인도 회사에 개별적으로 투자한 라자rajah들의 배당금을 몰수하지 않았던가? 부르주아는 '우리의 신성한 종교'를 지킨다는 핑계로 프랑스 혁명에 맞서 싸웠으면서, 동시에 기독교가 인도에 전파되는 것을 금지하지 않았던가? 그러고는 오리사와 벵골 사원으로 몰려가는 순례자들을 대상으로 돈을 벌기 위해 자간나트 사원에서 범해지는 살인과 매춘에 가담하지 않았던가? 이런 자들이 '사유재산, 사회질서, 가정, 그리고 종교'를 읊는 이들이다.

인도는 유럽만큼이나 광활하고 면적이 1억 5천만 에이커에 이른다. 영국의 산업이 인도에 끼치게 될 파괴적인 영향은 명백하고 또 다면적일 것이다. 여기서 우리가 잊지 말아야 할 점은 그 영향이 현재 설계되어 있는 생산구조 전반에 따른 유기적 결과일 뿐이라는 사실이다. 생산은 자본이라는 최상위 법칙에 의해 좌우된다. 자본의 집중화는 자본이 독립된 힘으로서 존재하기 위해 필수적이다. 그 집중화가 세계 시장에 미치는 파괴적 영향은 이제 모든 문명사회에서 작동하는 정치경제적 기본 원리를 적나라하게 폭로할 것이다.

부르주아의 시대는 새로 도래한 세계의 물질적 기초를 닦아야 한다. 한편으로는 인류의 상호 의존을 토대로 한 범세계적 교류를 이끌어내면서 방법을 모색하고, 다른 한편으로는 인간의 생산 능력을 향상시키고 기존의 생산방식을 자연의 힘에 대한 과학적 지배로 탈바꿈시켜야 한다. 부르주아 경제는 마치 지질학적 격변이 지구 표면을 만들어낸 것처럼 새로운 세계의 물질적 토대를 만들어낼 것이다.

거대한 사회 혁명이 부르주아 시대의 산물인 세계 시장과 현대적 생산수단을 정복하고, 그것들이 진일보한 대중들의 공동 지배 아래 놓인 후에야 인류 발전의 모습이 희생양의 두개골에 넥타nectar를 따라 마시는 이도교적 우상의 모습에서 비로소 벗어날 수 있을 것이다.

파업

Strikes

×

New York Daily Tribune 1853. 10. 17.

산업과 경기의 호황이 암울한 전망에 가려져 있는 동안 **파업**은 발생하고 있으며 한동안 이어질 것으로 보인다. 파업은 우리 경제 현실에서 매우 중요한 특징이기도 한데, 이제 국내 상황에 발맞춰 성격을 바꿔 나가는 참이다.

베리의 방적공들은 실타래 1,000개당 2펜스의 임금 인상을 요구했다. 공장주가 거절하자 방적공들은 공장을 떠났다. 직조공들도 현재 작업 중인 분량을 마치는 대로 동참할 예정이다. 프레스톤에서는 직조공들이 주변 지역 작업자들의 지원을 받으며 10퍼센트 임금 인상을 요구하는 중이다. 공장주 여섯은 이미 공장 문을 닫아걸었고, 나머지도 비슷한 수순을 밟을 예정이다. 이에 따라 작업자 2천 명 정도가 일을 못 하는 상태다.

블랙번에서는 주철업자 디킨슨의 기계공들이 지금도 파업 중이다. 위건의 한 공장에서는 직공들이 제품 20개당 1펜스 인상을 요구하며 파업에 나섰다. 또 다른 공장의 트로슬 방적공들은 임금이 인상될 때까지 업무 재개를 거부했다. 공장들은 문을 닫았다. 같은 지역에 있는 약 5천 명 규모의 광부들도 파업을 진행 중이다.

크로포드 백작을 비롯한 이웃의 대규모 탄광들은 수요일 저녁 일꾼들을 집으로 보냈다. 이후 스케일즈 과수원에서 여러 번 광부들의 집회가 열렸다. 맨체스터에서는 5천 대의 베틀이 멈춰 섰다. 퍼스티언 염색공이나 실타래 염색공, 펠트 모자 제조공 등의 작은 파업들도 진행 중이다. 볼튼에서는 면 방적공들이 임금 인상을 위한 집회를 열고 있다. 트렌튼과 브리지워터 등에서는 제화공들이, 글래스고에서는 택시 운전사들이, 킬마녹에서는 벽돌공들이 파업에 나섰다. 올덤에서는 경찰의 진압 위협이 있었다. 버밍엄의 못 제조공들은 10퍼센트 인상을 요구했고, 울버햄프턴에서는 목수들이 일당 6펜스 인상을 요구했다. 런던의 목수들도 같은 요구를 했다. 랭커셔와 체셔, 더비셔 등 주요 공업도시 곳곳에서 노동자들이 집회를 열고 있다. 고통받는 동료들을 어떻게 도우면 좋을지 대책을 세우기 위해서다. 반면 공장주들은 무기한 공장 문을 닫기로 결심했다. 일꾼들을 굶겨서 복종하게 만들려는 계획이다.

〈선데이타임스〉는 이렇게 말한다. "대체로 임금 인상 요구는 하루 6펜스를 넘지 않는 듯하다. 현재 식료품 가격을 고려하면 (…) 그 요구는 불합리하다고 보기 어렵다. 어떤 사람들은 지금 파업하는 이들의 목표가 공장주의 실질이익이나 추정이익에 대한 일종의 **공동 지분**을 챙기는 거라고 말한다. 하지만 **임금 인상 요구율**과 **생활필수품의 가격 상승율**을 비교해보라. 공동 지분을 추구한다는 비난은 충분히 반박 가능하다."

노동자들이 '생활필수품' 이상을 요구하거나 근면으로 얻은 수익을 '공유'하려 들 때, 노동자들은 **공산주의적** 경향을 띤다는 혐의를 받곤 한다. 식료품 가격이 정말로 '영원하고 완벽한 수요와 공급의 법칙'과 관계 있는 걸까? 1839년부터 1842년까지 계속해서 식료품 가격이 오르는 동안 임금은 기아 수준까지 떨어졌다. 그런데도 공장주들은 "임금은 식료품 가격과 연동되는 게 아니다. 불변의 수요공급법칙을 따른다"고 말한다. 〈선데이타임스〉는 "노동자들이 공손한 태도로 요청해야 그 요구가 수용될 수 있다"고 말한다.

공손한 태도가 대체 '불변의 수요공급법칙'과 무슨 관련이 있는가? 무역 도매상들이 커피값을 올리겠다고 "**공손한** 태도로 요청"했다는 말을 들은 적이 있는가? 노동자의 피와 땀이 여느 물건들과 마찬가지로 거래될 거라면 최소한 다른 상품과 동일한 기회라도 주어야 하는 게 아닐까? 임금인상 운동은 지금 6개월째 계속되고 있다. 그러면 공장

공손한 태도가 대체 '불변의 수요공급법칙'과 무슨 관련이 있는가? 무역 도매상들이 커피값을 올리겠다고 "공손한 태도로 요청"했다는 말을 들은 적이 있는가? 노동자의 피와 땀이 여느 물건들과 마찬가지로 거래될 거라면 최소한 다른 상품과 동일한 기회라도 주어야 하는 게 아닐까?

주들의 주장처럼 '불변의 수요공급법칙'에 따라 판단해봐야 하는 것 아닐까? 아니면 이 불변의 법칙 또한 러시아와 터키가 체결한 불변의 평화조약 정도로 진지하게 받아들여야 할까?

노동자들은 6개월 전쯤 이미 산업계의 이익이 늘었음을 눈치챘을 것이다. 미국의 금광을 찾아 떠나는 대대적인 이민 행렬 때문에 일손의 수요가 늘고, 그래서 노동자들 자신의 협상 지위가 개선되었다는 점까지는 몰랐다 하더라도 말이다. 산업계의 이익이 늘어났다는 사실은 자유무역의 축복이라며 환호하는 중산계급 언론의 대대적인 보도를 통해 눈치챘을 수밖에 없다. 그래서 노동자들은 유난스럽게 외쳐대는 그 경제적 번영 속에서 그들의 몫을 요구했다. 그러자 공장주들은 거세게 반발했다. 노동자들은 파업하겠다는 뜻을 밝혔고, 대체적으로 우호적인 선에서 요구를 주장했다. 그런 파업이 일 때마다 공장주와 공장주의 수족들은 연단과 언론에서 일제히 터무니없는 독설을 쏟아냈다. 노동자들이 '**군림하려는** 시도'에 대해 '건방지고 어리석다'며 비난했다.

자, 파업을 통해 증명된 것은 무엇인가? 노동자들 또한 이해관계가 걸린 고용주의 장담을 믿기보다 수요와 공급의 비율을 잣대로 평가받기를 바랐다는 사실을 증명하지 않는가. 이런 상황이다 보니 노동자가 자기 노동의 실제 시장가치가 반영된 임금을 받는 유일한 방법은 파업 또는 파업을 하겠다는 위협뿐이다.

원재료 비용과 완제품 가격 사이의 작년 평균 마진 – 원목과 면사 가격의 차이, 면사와 완성 면제품 가격의 차이 – 은 올해보다 높았다. 따라서 방적업자와 공장주의 이익도 올해보다 작년에 분명 더 높았다. 면사나 원자재 가격이 면제품 가격과 같은 폭으로 오르기 시작한 건 아주 최근의 일이다. 그럼 공장주들은 왜 작년에 임금을 바로 올려주지 않았을까? 공장주들은 작년 노동의 수요 공급 차이가 임금을 올려줄 만큼은 아니었다고 주장한다. 정말일까? 작년보다 올해 더 일손이 부족한 건 사실이지만, 수요와 공급의 법칙은 지난 한 해 공장주들이 마지못해 단행한 몇 번의 가파른 임금 인상폭을 전부 설명하지 못한다. 늘어난 생산량에 따른 임금 인상의 몫도 감안하면 모를까. 분명 가동되는 공장의 수가 작년보다 늘어난 것도 사실이고, 더 많은 노동 연령대 인구가 이민을 떠난 것도 사실이다. 하지만 지난 12개월의 경우처럼 농업과 그 외 분야의 종사자들이 공장 인력으로 이만큼 '산업 피라미드'에 쏟아져 들어온 적은 없었는데 말이다.

노동자들 또한 이해관계가 걸린 고용주의 장담을 믿기보다 수요와 공급의 비율을 잣대로 평가받기를 바랐다는 사실을 증명하지 않는가. 이런 상황이다 보니 노동자가 자기 노동의 실제 시장 가치가 반영된 임금을 받는 유일한 방법은 파업 또는 파업을 하겠다는 위협뿐이다.

결국 '일꾼'들이 평소처럼 너무 늦게 뭔가를 깨달았다

는 사실이 드러난다. 그들의 노동 가치는 수개월 전에 이미 30퍼센트 상승했다. 하지만 노동자들은 올해 여름이 되어서야 10퍼센트 인상을 요구하는 파업을 시작했고, 추가로 10퍼센트를 요구하는 등 현실 가능한 만큼 인상을 요구했다. 파업은 전국으로 퍼져 나갔고, 이러한 파업이 꾸준히 성공을 거둔 것은 노동자들의 합법성에 대한 완벽한 증거였다. 바로 그 '일꾼'들이 추가 인상을 요구했고, 업계 내에서 빠르게 연쇄 작용이 일어났다는 점은 노동자들이 수요공급법칙에 따라 임금 인상을 누릴 권리가 있었다는 걸 충분히 증명한다. 노동자들이 그동안 노동 시장을 잘 몰랐기 때문에 주장하지 못했을 뿐이다. 노동자들이 마침내 그 사실을 알게 되자, 그동안 '불변의 수요공급법칙'을 설파하던 공장주들은 궁여지책으로 '자비로운 군주론'을 주장하기 시작했다. 나에게는 내 노동자를 마음대로 다룰 권리가 있다, 노동자들은 자신에게 뭐가 득이 되는지 잘 모른다, 이런 말을 하면서 분노의 **최후통첩**을 가하고 있는 상황이다.

전반적인 경기 변화에 따라 노동자와 고용주 간의 상대적 지위도 변하는 게 마땅하다. 변화가 급작스럽기는 했지만, 그 결과 수많은 파업이 시작됐고 더 많은 파업이 계획되어 있다. 불황에도 불구하고 파업은 계속될 예정이다. 임금 인상을 주장하는 파업도 계속될 것이다. 임금을 올려줄 여력이 없다는 공장주의 주장에 대해 노동자들은 식량 구하기가 점점 더 어려워지고 있다고 답할 것이다. 양측의 주장 모두 설득력이 있다. 그러나 내 생각은 이렇다. 경기침체가 오래가게 되면 노동자들은 최악의 상황을 겪게 될 것이고, **인력 감축** 앞에서 헛되이 저항하다가 이내 실패하고 말 것이다. 노동자들의 활동은 곧 **정치 영역**으로 이어질 것이고, 그렇게 되면 **지금까지 파업을 통해 생성된 노동 조직들은 매우 가치 있는 자산이 될 것이다**.

경제 번영의 진실

Prosperity

×

New York Daily Tribune 1853. 11. 15.

'무역 수지와 금융시장'이라는 제목으로 〈이코노미스트〉에 실린 기사는 전체적인 호경기와 긍정적 무역 전망을 증명하기 위한 의도로 작성됐다. 하지만 같은 호에는 이런 내용도 실려 있다. "식료품 가격은 이미 많이 올랐는데 계속 오르는 추세다." "밀은 쿼터당 80실링에 팔린다." "면화 무역 현황을 보면 (…) 공장주들이 얼른 작업을 재개하기 위해 조바심 낼 상황은 아니다."

그러면서 〈이코노미스트〉는 수입 통계표를 언급해 이렇게 말한다. "아래 긴 수치에는 각종 지침이 담겨 있다." "지금까지 격렬한 정치적 논쟁을 지배해 온 대원칙을 입증한다." "최근 금융시장에서 벌어진 현상을 설명하고 앞으로의 전망을 밝힌다." "정부 관료와 자본가, 금융업자, 무역업자 등이 현재 상황에 대한 정확한 판단을 내리고 앞으로 어떤 결정을 할지 적절히 계산할 수 있도록 명확한 지침이 된다." 그리고 또 이렇게 말한다. "본지는 다음 수치에서 추출한 주요 사실을 독자에게 알리고, 이 사실들이 현시대의 다른 중요한 측면과 어떤 관계가 있는지 밝히고자 한다. 그게 우리의 임무임을 느낀다."

그럼 이 예언자 앞에 무릎을 꿇고 장황한 계시에 귀 기울여 보자. 수입 통계표를 동원해서 이 예언자가 증명하려는 내용은 노동 계급의 과다한 소비 지출이라기보다 노동 계급이 자유무역을 통해 얻어가는 이루 말할 수 없는 축복이다. 그럼 표를 확인해 보자.

[표1] 1월 5일부터 10월 10일까지의 소비량

품목(단위)	1852년	1853년
코코아(파운드)	2,668,822	3,162,233
커피(파운드)	25,123,946	28,607,613
차(파운드)	42,746,193	45,496,957
설탕(톤)	272,248	288,721
담배잎(파운드)	21,312,459	22,296,398
와인(갤런)	4,986,242	5,569,560

한번 훑어보기만 해도 〈이코노미스트〉의 오류가 눈에 띈다. 기사에서는 이들이 '소비된' 상품이라고 말하지만 사실은 소비를 위해 '들여온' 분량일 뿐이다. 둘은 완전 다른 개념이다. 어느 구멍가게 주인도 자기 가게에 들여온 상품의 재고와 실제 사람들에게 판매된 제품을 구분 못 할 만큼 어

수록하지 않다.

〈이코노미스트〉는 "이 표의 항목은 작업자 계급이 소비하는 사치품의 주된 품목을 아우른다고 볼 수 있다"고 말하며 당연한 듯 작업자 계급을 지목한다. 사치품 중 하나인 커피를 보자. 들여왔을지는 몰라도 영국 작업자들 사이에서 커피가 소비되는 일은 드물다. 와인은 말할 것도 없다. 〈이코노미스트〉는 공장주들이 작년 대비 올해 와인과 커피를 더 많이 소모했으니 작업자 계급의 삶도 개선되었다고 생각하는 걸까?

차의 경우를 살펴보면, 잘 알다시피 중국 혁명과 그에 따른 경제 타격으로 향후 우려에 따른 투기 수요가 급증한 바 있다. 현재 소비 수요 때문이 아니라는 얘기다. 설탕의 경우, 1852년 10월과 올해 10월 사이의 차이는 약 16,500톤이었다. 〈이코노미스트〉는 설탕 증가분 16,500톤 중 상류층의 식료품이나 디저트를 만드는 데 쓰인 분량은 전혀 없다고 전지전능하게 단정한다. 참 대단한 능력이다. 증가분이 오롯이 작업자 계층의 찻잔에 들어간 것처럼 말한다. 나는 이런 전지전능함을 흉내도 못 내겠다. 이제 빵을 구하기 힘드니 자식들에게 설탕을 먹여야 할 판이다. 마리 앙투아네트가 1788년 기근 중에 프랑스 국민들에게 마카롱을 먹고 버티면 되지 않냐고 말했던 것처럼 말이다.

담뱃잎 소비 증가의 경우를 살펴보면, 담뱃잎의 수요는 작업자들 사이에서 대체로 실직률과 비례해 증가한다. 규칙적인 일상이 깨진 결과인 셈이다.

무엇보다도 여기서 우리가 기억해야 할 점은 1853년 10월의 수입 물량은 실제 그 달의 수요를 반영한 것이 아니라는 것이다. 수입 물량은 실제 수요와는 별개인, 국내 사정에 따라 계산된 예측 수요를 반영한다. 그러니 첫 번째 표가 "현시대의 다른 중요한 측면과 어떤 관계가 있는지"를 밝힌다는 말은 매우 허황되다.

[표2] 1월 5일부터 10월 10일까지의 수입량

항목(단위)	1852년	1853년
베이컨(100웨이트)	62,506	173,729
염장 소고기(100웨이트)	101,531	160,371
염장 돼지고기(100웨이트)	77,788	130,142
염장 햄(100웨이트)	6,766	14,123
고기 기름(100웨이트)	14,511	102,612
쌀(100웨이트)	633,814	1,027,910
감자(100웨이트)	238,739	820,524
곡류 및 밀가루(쿼터)	5,583,082	8,179,956
치즈(100웨이트)	218,846	294,053
버터(100웨이트)	205,229	296,342
계란(쿼터)	89,433,728	103,074,129

〈이코노미스트〉는 흉년이 이어지고 당장 기근이 닥치는 동안 식료품 수입량이 평년 수준을 상대적으로 웃도는 게

소비량이 급증했기 때문이라고 한다. 생산이 급감했기 때문이 아니라는 것이다. 이걸 놀라운 발견이라고 한다. 물건 가격이 갑자기 오르면 수입을 늘릴 동기 부여가 되는 건 사실이다. 하지만 물량이 부족하기 때문에 그만큼 절박한 소비 수요가 생긴다는 건 자명한 사실 아니던가? 이제 수입의 세 번째 항목, 제조업 원자재 수입량을 살펴보자.

[표3] 1월 5일부터 10월 10일까지의 수입량

항목(단위)	1852년	1853년
아마 섬유(100웨이트)	971,738	1,245,384
삼(100웨이트)	798,057	788,911
실크/생사(파운드)	3,797,757	4,355,865
실크/연사(파운드)	267,884	577,884
면화(100웨이트)	6,486,873	7,091,999
모직(파운드)	63,390,956	83,863,475

1853년의 생산량이 대체로 지난해의 생산량을 넘어서며 원자재 수요가 늘었고, 더 많이 수입되어 가공됐다. 하지만 〈이코노미스트〉는 1853년에 생산된 물건의 잉여분이 내수 시장으로 유입되었다고 보지 않는다. 대신 수출되었다고 주장한다.

"가장 중요한 사실은 우리 수출의 아주 가파른 증가다. 10월

10일 기준으로 한 달간 수출 증가량은 1,446,708파운드나 되고, 연간 누적 증가량은 12,596,291파운드에 이른다. 올해 현재 총수출이 66,987,729파운드고, 작년 이맘때 54,391,438파운드였으니 (…) 영국 국내에서 생산된 수출품만 두고 보면 올해 23%나 증가한 셈이다."

하지만 수출 증가량이라는 12,596,291파운드는 과연 어떨까? "수출품의 대부분이 최종 목적지인 시장으로 가는 중"에 있다지만, 이 수출품은 어느 시점에 되돌아와 수출 성과를 완전히 되돌려버릴 것이다. "수출 증가의 상당 부분은 호주로의 수출"인데, 호주 시장은 이미 과잉 공급된 상태다. "미국으로의 수출" 또한 과다한 상태다. "인도로의 수출"이라지만 인도 경기는 침체되어 있다. "남미로의 수출"도 다른 시장으로부터 되밀려 나올 과잉 수출분을 다 흡수하기에는 무리다.

"수입 및 소비 물품의 급격한 증가량에 대해서는 이미 대금을 치른 상태다. (…) 수출에 대해 어음으로 지급받은 금액은 아주 가까운 시일 내에 정산될 예정이다. 수출 대금은 **언제** 받게 될까? 6개월, 9개월, 12개월, 일부는 18개월이나 2년 후일 수도 있다."

〈이코노미스트〉는 그건 단지 "**시간**의 문제"일 뿐이라고 말한다. 이 얼마나 큰 착각인가! 대상 국가에 과다하게 수출을 해놓고, 그로 인해 넘쳐나는 시장에 엄청난 잉여 상품을 던져 넣으면, 그들이 기대하는 '언제'는 **영원히** 오지 않을 것이다. 상상 속의 부로 넘쳐나는 바로 그 표가 알고 보면 실질적인 손실로 가득한 표일 수 있다는 말이다. 어쩌면 전 세계적인 규모의 파산 목록이 될 수도 있다. 자랑스러운 수출 수치가 증명하는 건 무언가? 우리 모두 이미 오래전에 깨달은 내용이다. 영국의 산업 생산은 올해 급격히 증가했으며 이는 기존 목표치를 과다하게 넘어선 것이고, 해외 시장이 침체되려고 하는 이 시기에 영국의 생산은 증가세를 더하고 있다는 내용이다. 〈이코노미스트〉는 이와 정반대의 결과를 도출하고 있지만 말이다.

노동자에 대한 논의

The Labor Question

×

New York Daily Tribune 1853. 11. 28.

고상하고 심오하다는 〈이코노미스트〉는 최근 **황금 같은 기회와 그 활용법**이라는 제목으로 비극적일 만큼 우스꽝스러운 장설을 쏟아냈다. 여기서 '황금 같은 기회'란 자유무역 덕분에 생긴 기회를 말한다. '활용'이라고 쓰지만 '오용'에 해당하는 행위를 저지른 이들은 노동 계급이다.

> 노동 계급은 난생처음으로 자신의 미래를 결정할 수 있게 됐다! 영국 인구가 **감소**세로 돌아섰을 뿐 아니라 이민을 떠나는 숫자가 인구 증가세를 넘어섰기 때문이다. 그런데 노동자들은 이런 기회를 어떻게 활용했을까? 어떻게 대응했을까? 노동자들은 잠시 햇살이 비출 때마다 매번 그랬듯 결혼을 하고 재빨리 생식 활동에 돌입했다. (…) 지금 추세대로면 이민 행렬의 효과가 곧 상쇄되고, 황금 같은 기회가 날아가버릴 텐데 말이다.

결혼도 출산도 하지 말아야 하는 황금 같은 기회라니!

그리고 맬서스와 그의 추종자들이 허락하는 정상적인 출산율은 또 지켜야 한다니, 이것 참 황금 같은 도덕률 아닌가! 〈이코노미스트〉는 아직까지 인구가 감소 중이며 이민자 증가에 따른 영향은 아직 상쇄되지 않았다고 말한다. 그렇다면 현재 우리가 겪고 있는 경제적 어려움은 인구 과잉으로 설명되지 않는다.

> 또한 노동자 계급은 자유무역이 가져온 귀중한 기회를 놓치지 말고 저축에 힘써서 자본가가 되기 위해 노력했어야 했다. (…) 그들이 자본가가 되었다거나 비슷한 지위라도 얻었다는 경우를 찾아보기 힘들다. (…) 노동자들은 굴러들어온 기회를 걷어차버렸다.

자본가가 될 수 있는 기회라니! 〈이코노미스트〉는 같은 글에서 노동자들의 임금이 10퍼센트 오르면 매주 15실링 대신 16실링 6펜스를 손에 넣게 된다고 말한다. 평균 주급이 15실링이나 된다고 가정하는 것부터 틀렸지만, 그보다 더 중요한 건 대체 주급 15실링으로 어떻게 자본가가 될 수 있겠는가! 정말이지 연구해볼 만한 주제다.

노동자들은 생계를 개선하기 위해 임금을 더 받아야 한다는 잘못된 판단을 해왔다면서 〈이코노미스트〉는 그들이 '자기 이익에 반할 정도로 과도한' 파업을 저질렀다고 말한다. 15실링을 받는 노동자에게는 **자본가**가 될 기회가 있다고 하면서, 다른 한편으로는 16실링 6펜스를 받으려 들면 그런 기회가 사라질 거라는 주장이다. 그러니까 〈이코노미스트〉는 노동자들이 임금을 더 받으려면 스스로 머릿수는 적게 유지하고 시장에는 자본이 풍부해야 한다 말하는 것이고, 정작 그런 조건이 갖춰지더라도 임금 인상을 위해 영향력을 행사하려고 하지 말라는 것이다. 결혼도 출산도 절제하면서 얻고자 노력해야 했을 그 영향력 말이다.

그러면서 〈이코노미스트〉는 곡물법 실행 당시에 대해 이렇게 말하고 있다. "차라리 그때 노동자들의 삶은 더 풍족했다." 입에 풀칠하고, 거적때기를 걸치고, 겨우 연명했던 당시 노동자들의 삶을 말하는 거다. 죽지 않는 한 그때보다 어떻게 덜 풍족하게 살 수 있단 말인가?

〈이코노미스트〉는 계속 수입 수치표를 들이대며 경제 번영과 사업 융성의 징표라고 주장해왔다. 자유무역이 내린 축복의 증거라던 그 수치가 노동자들의 어리석은 사치의 증거로 둔갑해 비난받는다. 하지만 그들의 말대로라면 이해되지 않는 것 투성이다. 인구는 적게 유지하고 소비도 줄이면 무역 수입량은 어떻게 계속 늘릴 수 있다는 걸까. 무역 수출을 계속 늘리면서 수입을 절제하는 게 어떻게 가능한 걸까. 무역 수입과 수출이 줄어든다면 지금의 상공업 호경기는 어떻게 설명할 수 있는 걸까.

> 또한 노동자들은 황금 같은 기회를 통해 자신과 자녀들을 위해 최선의 교육 기회를 마련했어야 했다. 주어진 상황을 개선할 역량을 키우고, 어떻게 해야 더 나은 결과로 나아갈 수 있는지

배웠어야 했다. 하지만 유감스럽게도 (…) 학교 출석률은 최저에 가까웠고, 등록금 체불도 최악으로 나타났다.

이게 놀라운 일인가? 무역 거래가 활황이라는 건 공장이 늘어난다는 것과 동의어다. 그만큼 기계 사용 비중이 늘게 마련이고, 남성 노동자는 점점 더 여성과 아동 노동자로 대체됐을 뿐이다. 노동 시간도 늘어났고 말이다. 공장에서 일하는 여성과 아이들의 수가 증가할수록 학교 출석은 먼 나라 이야기가 되어버린다.

따져 보자. 노동자인 부모와 아이들에게 줄 수 있는 배움의 기회가 과연 무언가? 〈이코노미스트〉는 맬서스의 계획 속도에 맞춰 자신들의 머릿수를 제한하는 방법을 배울 기회라고 말한다. 또 어떤 정치인은 교육을 받으면 '지저분하고 통풍이 잘 안 되는 비좁은 집에 사는 건 건강과 활력 측면에서 바람직하지 않다는 사실'을 배울 수 있을 거라 말한다. 굶어 죽기 직전의 사람에게 '자연의 섭리에 따르면 인간의 몸에는 꾸준한 음식 공급이 필수'라고 가르침으로써 그를 굶주림에서 구할 수 있다는 수준 아닌가. 〈데일리 뉴스〉는 노동자 계급이 교육을 통해 음식물 찌꺼기에서 영양분을 섭취하는 방법을 배울 수 있었을 거라고 주장한다. 풀로 빵을 만든다든지, 잔반으로 국을 끓이는 방법이라든지.

노동자 계급이 걷어차버린 황금 같은 기회를 요약하면 다음과 같다. 혼인을 하지 않을 '기회'. 덜 사치스러운 삶을 살 '기회'. 더 높은 임금을 요구하지 않을 '기회'. 주급 15실링으로도 자본가가 될 '기회'. 더 변변찮은 음식으로도 목숨을 이을 수 있는 '기회'. 그리고 맬서스의 교만한 교리에 영혼을 모멸당할 '기회'.

노동자 회의에 보내는 편지

Letter to the Labour Parliament

×

The People's Paper 1854. 3. 18.

제가 당분간 런던을 떠날 수 없는 상황이다 보니 노동자 회의에 명예대표로 참석하라는 초대를 받은 데 대한 자부심과 감사를 구두로 직접 전달하지 못하게 되었습니다. 매우 아쉬울 따름입니다. 노동자들의 의회가 구성되었다는 것 자체가 세계사의 새로운 전기를 뜻합니다.[20] 이 엄청난 소식은 유럽과 미국 전역 노동자 계층의 희망에 불을 붙일 것입니다.

영국은 다른 어떤 나라보다 자본의 독재와 노동자의 노예화를 극심히 겪었습니다. 어떤 나라에서도 산업 인력을 죄다 거느린 백만장자와 하루 벌어 하루 먹는 임금 노예 사이의 중간 몸통이 이토록 단계적으로 휩쓸려 나간 적이 없

20 어니스트 존스를 주축으로 구성된 '노동자 회의'는 파업 연대 등을 목표로 소집됐지만, 바로 동력을 잃고 해체됐다.

습니다. 다른 유럽 국가들과 달리 이곳 영국에는 자기 땅과 노동력 양쪽에 균형 있게 의존하는 농민과 기능공 계급이 더 이상 대규모로 존재하지 않습니다. 토지와 노동력은 서로 완벽하게 단절되고 말았습니다. 즉, 현대 사회의 어떤 나라보다 계급 간 전쟁이 심하고 뚜렷하며 실감 나는 양상을 보인다는 겁니다.

바로 이런 이유에서 영국의 노동자들이야말로 궁극적으로 노동 계급의 절대적 해방을 가져올 위대한 운동의 선구자로 적임자입니다. 영국의 노동자들은 자신의 지위를 명확히 인식하고 있고, 숫자에서 우위에 있으며, 실패투성이었던 투쟁의 기억에도 불구하고 강인한 정신력을 갖고 있습니다.

영국의 수백만 노동자들은 새로운 사회의 진정한 기초를 마련한 사람들입니다. 대자연의 파괴적 섭리를 인류의 생산력으로 전환하는 데 성공한 현대 산업 사회의 기초 말입니다. 이제 영국의 노동자들은 꺾이지 않는 기세와 미간에 흐르는 땀, 명석한 두뇌를 동원해 노동자의 지위를 향상하려 합니다. 그리고 보편적 풍요가 가능하도록 노동의 결실을 늘릴 중대 방안을 강구하고 있습니다.

현대 산업의 생산력은 무한대에 가까워졌고, 이로써 영국의 노동자들은 노동 계급의 해방을 위한 첫 번째 조건을 이뤄냈습니다. 이제 그들은 해방의 다음 조건을 성사시켜야 합니다. 부를 창출하는 힘을 독점하려는 이들이 만든 악명 높은 사슬을 끊어버리고, 실제 생산에 기여하는 사람들이 그 힘을 공동 관리하도록 해야 합니다. 생산 노동자들은 지금까지 자신의 손으로 만든 생산물이 자신의 지배 도구로 전용되는 걸 눈뜨고 지켜봐야만 했습니다.

노동 계급은 자연을 정복했습니다. 이제 인간을 정복할 차례입니다. 성공하는 데 거창한 힘은 필요치 않습니다. 평범한 노동자 개개인의 힘이 조직화되어 노동 계급이 전국적으로 단합해야 합니다. 노동자 회의가 궁극적으로 이루려는 위대하고 영광스러운 목표가 바로 노동 계급의 조직화입니다.

노동자 회의가 자신을 선출한 이념을 충실히 따른다면, 미래 역사가들은 1854년의 역사를 이렇게 기록하게 될 것입니다. '1854년 영국에는 하나가 아니라 두 개의 의회가 존재했는데, 그건 런던 의회와 맨체스터의 노동자 회의 – 그러니까 부자들의 의회와 가난한 이들의 의회 – 였다. 그 중에서 대중을 대변한 의회는 공장주들의 의회가 아니라 노동자들의 의회였다'고 말입니다.

- 카를 마르크스 올림

스코틀랜드 소작농 몰아내기

Clearing of Estates in Scotland

×

New York Daily Tribune 1854. 6. 2.

아일랜드와 스코틀랜드의 소작농 강제 추방 과정에 대해 독자들에게 언급한 바 있다. 지난 반세기 동안 수없이 많은 이들이 조상 대대로 살던 땅에서 쫓겨났다. 강제 추방은 아직도 진행 중이며, 이 잘난 국가의 덕망과 품격, 신앙, 자비로움에 걸맞은 수준으로 이뤄지고 있다. 힘없는 소작농들의 머리 위에서 집이 불타거나 산산조각 나고 있다.

노이다트 니가라에 사는 도널드 맥도날드의 집은 지난 가을 지주의 명령으로 공격 대상이 되었다. 점잖고, 성실하고, 열심히 일하던 그였다. 거동이 힘든 아내가 침상에 누워 있는 상태였지만, 철거 집행자와 깡패들은 맥도날드의 여섯 아이들 – 모두 열다섯 살도 채 되지 않은 – 을 쫓아내고 집을 헐어버렸다. 아내의 침상 바로 위 지붕 조금만을 남겨 두고 말이다.

맥도날드는 그 영향으로 정신을 놓고 말았다. 그는 의사에게 정신이상 판정을 받고, 불에 타 부서진 오두막 폐허에서 지금도 자기 자식들을 찾아 헤맨다. 배를 곯는 자식들이 옆에서 우는데도 알아보지 못한다. 그는 누구의 도움이나 관심도 받지 못한 채 떠돌아다니고 있다. 남에게 해를 입히는 병이 아니라는 이유 때문이다.

출산을 앞둔 여성 두 명은 바로 눈앞에서 집이 해체되는 걸 지켜봤다. 그들은 며칠 밤을 노숙해야 했고, 그 결과 끔찍한 고통 속에 조산했다. 두 여성도 정신을 놓고 말았다. 의지할 곳 없고 정신이 온전치 못한 가족 여럿과 함께 길거리를 떠도는 중이다. 이들은 영국 상류층이라고 불리는 이들의 잔혹함을 보여주는 산증인이다.

아이들조차 공포와 박해의 결과로 미쳐버리고 말았다. 노이다트의 둔에서는 오두막집 소작농들이 쫓겨나 낡은 창고에 피신해 있었다. 지주가 보낸 사람들은 난민들이 옹기종기 모여 있던 창고를 오밤중에 에워싸고 불을 질렀다. 난민들은 허겁지겁 불길을 피해 뛰쳐나왔고, 몇몇은 공포심으로 미쳐버렸다. 다음은 〈노던엔슨〉 신문의 보도다.

> 아이는 완전히 미쳐버렸다. 시설에 보내야 할 것 같다. 침대에서 벌떡 일어나 "불이야, 불이야!"를 외치며 주변 사람들을 붙잡고 어른들과 아이들이 불타는 창고 안에 있다고 우기곤 한다. 날이 어두워지면 아이는 불을 보고 겁에 질린다. 둔에서의 끔찍한 경험이 - 창고가 화염에 휩싸여 온 동네를 밝히고, 어른 아이 할 것 없이 공포에 질려 우왕좌왕하던 그 모습이 - 아이의 정신에 큰 충격을 준 것이다.

멀쩡하게 태어나 부자들에게 돈을 벌어다 준 가난한 이들을 상류층은 이렇게 취급한다. 교구가 가난한 이들에게 베푸는 자비심에 관해서도 이야기해 보자. 〈노던엔슨〉의 도널드 로스가 글래스고에서 전한 기사에서 이런 사례들을 발췌했다.

1. 과부 매터슨, 96세. 스카이섬 스트랏스 교구에서 월 2실링 6펜스 수령.
2. 머르도 매킨토쉬, 36세. 14개월 전 마차에 깔리는 사고로 전신 장애를 입음. 아내와 일곱 자녀가 있으며, 첫째 아이는 11살, 막내는 1살. 스트랏스 교구는 매월 겨우 5실링을 지급하고 있음.
3. 과부 새뮤얼 캠벨, 77세. 스카이섬 브로드포드의 초라한 집에 거주함. 스트랏스 교구에서 월 1실링 6펜스 수령. 금액이 너무 적다고 호소하자 교구 성직자들이 마지못해서 월 2실링으로 인상함.
4. 과부 맥키논, 72세. 스트랏스 교구에서 월 2실링 6펜스 수령.
5. 도널드 맥두글드, 102세. 노이다트 거주. 아내는 77세이며 둘 다 매우 쇠약한 상태. 부부는 글랜엘그 교구에서 겨우 월 3실링 4펜스 수령.
6. 과부 메리 맥도날드, 93세. 거동이 불편한 상태. 남편은 군 복무 중 한쪽 팔을 잃음. 남편은 20년 전 사망. 글랜엘그 교구에서 월 4실링 4펜스 수령.
7. 알렉산더 맥아이작, 53세. 거동 불가. 40세인 아내, 눈이

보이지 않는 18세 아들, 14세 미만의 아이 넷을 두고 있음. 글랜엘그 교구는 이 불쌍한 가족에게 월 6실링 6펜스를 지급함. 인당 1실링꼴.

8. 앵거스 맥키논, 72세. 장 파열. 66세의 아내. 두 사람은 월 2실링 1펜스 수령.
9. 메리 맥아이작, 80세. 노쇠하고 시력은 완전히 잃은 상태. 글랜엘그 교구에서 월 3실링 3펜스 수령. 인상을 요구하자 조사관은 “다른 사람들은 더 적게 받는데 인상을 요구하다니 부끄러운 줄 아시오”라며 요청을 거절함.
10. 자넷 맥도날드 또는 맥길리버리, 77세. 거동 불가. 글랜엘그 교구에서 월 3실링 3펜스 수령.
11. 캐서린 길리스, 78세. 거동 불가. 글랜엘그 교구에서 월 3실링 3펜스 수령.
12. 메리 길리스 또는 그란트, 82세. 지난 8년간 침상에만 누워 있었음. 알드나무르칸 교구에서 식량 12킬로그램과 8펜스를 지급. 빈곤층 조사관이 벌써 2년째 그를 방문하지 않았고, 어떠한 의료나 의복 지원, 음식도 지급받지 못함.
13. 존 맥이흔, 86세. 거동 불가. 알드나무르칸 교구 오크나카라그에 거주. 하루 딱 450그램의 식량과 월 8펜스를 교구에서 지급받음. 옷가지를 비롯해 아무것도 가진 게 없는 상태.
14. 유완 맥칼럼, 93세. 눈에 문제가 있음. 그가 납데일 교구 크레넨 운하 둔치에서 구걸하고 있는 모습을 직접 목격함. 월 4실링 8펜스 수령. 옷이나 의료 지원, 연료나 땔감,

잠잘 곳 그 무엇도 가진 게 없음. 움직이는 거적때기 덩어리에 불과하다고 할 수 있음. 더없이 비참한 몰골임.

15. 케이트 맥아더, 74세. 거동 불가. 납데일 교구 더나디에 홀로 거주. 월 4실링 8펜스를 제외하곤 받는 게 없음. 의사는 찾아오지 않음.
16. 자넷 케어 또는 맥칼럼, 78세. 과부. 건강이 좋지 않음. 글라쎄리 교구에서 월 6실링 수령. 집이 없고, 6실링 외에 어떠한 지원도 받지 못함.
17. 아취볼드 맥로린, 73세. 아핀 교구 거주. 거동 불가. 아내도 거동 불가. 교구에서 구호 명목으로 3실링 4펜스를 받지만 연료나 땔감, 옷가지, 잠잘 곳 등은 제공받지 못함. 인간이 살기에 부적합한 돼지우리 같은 곳에 거주 중.
18. 과부 마가렛 맥클로이드, 81세. 로크브룸 교구 코이가흐 거주. 월 3실링 수령.
19. 과부 존 맥켄지, 81세. 로크브룸 교구 알라풀 거주. 시력은 완전히 잃었고 건강이 매우 좋지 않음. 월 겨우 2실링 수령.
20. 과부 캐서린 맥도날드, 87세. 킬브란돈 교구 루잉섬 거주. 앞을 전혀 볼 수 없고 거동 불가. 지원금 명목으로 월 7실링을 수령하지만, 그 돈을 쪼개 간병인 비용을 내야 함. 집이 무너져 내렸지만 교구는 숙소 제공을 거절함. 현재 지붕이 없는 흙바닥에서 지내는 중. 조사관은 별수없다고만 함.

끔찍함은 여기서 끝이 아니다. 스트랫캐론에서는 학살이 벌어졌다. 강제 추방이 집행되고, 추가 집행이 예상되는 상황에서 사람들은 그 잔혹함 때문에 극도의 흥분 상태에 처했다. 보안경찰이 소작농을 추방하기 위해 더 몰려온다는 소리를 듣고 몇몇 여자들이 길에 모였다. 알고 보니 그들은 경찰이 아니라 세금 징수원이었다. 사람들이 착각하고 있다는 사실을 깨달은 징수원들은 오해를 바로잡기는커녕 그 상황을 즐겼다. 자기가 경찰이라면서 소작농을 몰아내러 왔으며 단호히 집행할 거라고 말했다. 여자들이 흥분하자 진짜 경찰들이 나타나 여자들에게 장전된 권총을 들이댔다. 그 후 벌어진 일은 글래스고에서 스트랫캐론으로 넘어가 이틀을 보낸 도널드 로스의 편지에 적힌 내용을 인용한다. 로스는 정보를 수집하고 부상자 현황을 점검하러 간 바 있다. 다음은 1854년 4월 15일 타인에 있는 로열 호텔에서 발송된 그의 편지 내용이다.

> 내가 알아본 바에 따르면 경찰 쪽 대응에 문제가 많았던 것으로 보인다. 경찰 지휘관은 경찰을 대대적으로 투입할 계획이라는 사실을 사람들에게 알리지 않았다. 소요 단속령 지침은 읽지도 않았다. 사람들이 해산할 시간을 주지도 않았다. 그는 경찰 부대와 도착하자마자 곤봉을 들고 "비켜!"라고 소리쳤다. 그러곤 "다 때려눕혀!"라고 외쳤다. 이후 벌어진 광경은 묘사하기 쉽지 않다.
>
> 경찰들은 여자들의 머리에 묵직한 곤봉을 휘둘러 넘어뜨리고

는 바닥에 쓰러질 때까지 밟아 뭉갰다. 야만적이고 잔인하게 그들의 몸 구석구석을 발로 걷어찼다. 현장은 곧 피범벅이 됐다. 피투성이가 되어 바닥에서 울부짖는 여자들과 아이들의 비명이 하늘을 찔렀다. 여자 몇 명은 경찰의 추격을 받고 캐론강의 깊고 빠른 급류 속으로 뛰어들었다. 경찰이나 지휘관보다는 그쪽이 더 자비로울 거라 믿었기 때문이었다. 여자 중 몇 사람은 곤봉에 머리가 뜯겨 나갔고, 한 여자아이는 곤봉에 맞아 가로세로 18cm, 두께 3cm 정도의 어깨 살점이 뜯겼다. 구경하고 있던 어떤 여자아이는 경찰 세 명에게 쫓겼다. 경찰들은 아이 이마에 곤봉을 휘둘렀고, 머리 깨진 아이가 쓰러지자 발로 찼다. 나중에 상처를 본 의사는 상처 절개 부위에서 악랄한 경찰이 박아 넣은 곤봉 모서리의 일부를 꺼냈다. 어깨 뒤편엔 경찰의 구두징 자국이 선명했다.

스트랫캐론에만 해도 상태가 심각한 여성이 최소 13명이다. 경찰에게 극심하게 맞은 결과다. 이 중 셋은 워낙 위중한 상태라 의료진도 회복의 희망을 갖고 있지 않다. 개인적으로 여성들의 상태와 위중한 부상, 의료 기록 등을 고려할 때 회복 가능한 이들은 절반도 되지 않을 거라고 확신한다. 이들은 끔찍한 참상의 증거를 몸에 새기고 살게 될 것이다. 중환자 중에는 출산을 앞둔 여자도 있었다. 경찰을 대면한 무리에 있던 것도 아니고, 꽤 멀리에서 지켜만 보고 있었지만 경찰에게 난폭하게 얻어맞고 발길질을 당했다. 현재 임신부의 상태는 매우 좋지 않다.

내가 하나의 사실을 더 보태자면, 경찰 공격을 받은 여성들의 규모는 고작 18명이었다. 그리고 지휘관의 이름은 테일러였다. 이게 1854년 영국 상류층의 행태다.

중국에서 벌어진 영국의 잔학 행위

English Atrocities in China

×

New York Daily Tribune 1857. 4. 10.

몇 년 전, 인도에서 자행되는 끔찍한 고문이 의회에서 폭로됐다. 그러자 그 영예스러운 동인도 회사의 이사 제임스 호그 경은 대담하게도 그 진술에 근거가 없다고 주장했다. 하지만 추가 조사는 발표문이 사실에 기반하고 있으며 이사회가 이를 충분히 인지하고 있어야 함을 밝혀냈다. 이로써 호그 경은 동인도 회사의 끔찍한 혐의를 '의도적으로 외면'해왔거나 '범죄를 이미 인지'하고 있었음을 시인해야 할 처지에 놓였다.

그리고 이제 로드 파머스턴 수상과 외무장관인 클라렌던 백작 또한 불편한 입장에 놓인 듯하다. 최근 로드메이어 주최 만찬에서 파머스턴 수상은 영국이 중국인에게 저지른 만행을 정당화하려 들면서 이렇게 말했다.

"만약 정부가 정당하지 못한 소송 절차를 승인했다면, 분명 의회와 영국 전체의 거센 비난을 받아 마땅하다고 했을 겁니다. 하지만 반대로, 우리는 소송 절차가 꼭 필요하다는 데 의견을 모았습니다.

우리는 우리 조국이 단단히 잘못된 대접을 받았다고 판단했습니다. 우리 국민이 지구 반대편에서 침묵으로 외면할 수 없는 모욕과 폭력, 잔학 행위에 노출되어 있다고 느꼈습니다. (환호) 우리는 조약상의 권리가 침해당했다고 판단했습니다. 그 먼 땅에서 우리나라의 이익을 변호했다는 이유로 현지의 비난을 받은 우리 국민의 행동은 정당했습니다. 얼토당토않은 취급을 받은 데 대해 우리가 있는 힘을 다해 분노하는 게 당연합니다. 정당해 보이는 이번 소송 절차를 만약 우리가 허가하지 않았더라면, 그건 우리의 동포가 우리에게 일임한 믿음을 저버리는 거라고 생각했습니다. 우리가 같은 상황에 놓였더라도 소송은 우리가 당연히 추구했어야 할 의무라고 생각했을 겁니다."

영국 국민을 비롯한 전 세계 대다수는 이런 그럴듯한 말에 속아 넘어갈지 모른다. 그러나 각하께서 이걸 진실이라고 믿을 리 만무하다. 만약 그 말이 진실이라고 믿는다면 그의 의도적 외면은 심각하다 못해 '범죄임을 알고도 묵인한' 것만큼이나 정당화하기 힘들 것이다.

영국이 중국에서 저지른 적대 행위에 대한 보고서가 전해지기 시작한 이후 영국 정부 발간지와 미국의 일부 언론은 중국에 대해 일방적 비난을 퍼부어왔다. 조약상의 권리를 침해했다는 대대적인 비난이었다. 영국의 국기를 모욕했다거나 중국에 거주하는 외국인을 핍박했다는 등의 혐의였지만 단 한 건의 고소 고발도 없었고, 혐의를 증명하는 증거 하나도 밝혀진 게 없다. 소송이 진행된 유일한 예외로 '범선 애로우' 사건이 있는데 의회에 의해 워낙 정황이 왜곡되고 은폐되어 진실을 알고자 하는 이들은 온통 혼란에 빠질 수 밖에 없는 상황이다.

애로우호는 작은 중국 선박으로, 탑승 선원은 중국인이었지만 선주는 영국인이었다. 영국 국기 부착 허가증이 임시로 발급된 상태였지만, 이번 '모욕 사건' 발생 전에 해당 허가증은 만료되어 있었다. 그 배가 소금 밀수에 사용됐다는 소문도 있고, 선원 중에 중국인 해적이나 밀수꾼 등 질 나쁜 인물도 몇 있었다고 전해진다. 이들은 법을 밥 먹듯 어긴 상태라 오랫동안 당국의 체포 명단에 올라 있던 참이었다. 애로우호가 돛을 감아 올리고 어떤 국기도 게양하지 않은 채 광둥에 정박해 있을 때, 경찰은 이 배에 범법자들이 승선해 있음을 포착하고 이들을 체포했다. 그게 영국이었다 하더라도 똑같이 있을 수 있는 일이었다. 수배 중인 강도나 밀수꾼이 눈앞에 있는 국내 또는 해외 선박에 숨어 있는 걸 우리 경찰이 목격했다면 똑같이 대처했을 것이다.

그러나 경찰 체포로 인해 영국인 선주의 장사가 방해를 받자 선장은 영국 영사관에 항의를 했다. 임명된 지 얼마 안 된 젊은 영사는 – 성마른 성격이라고 알려져 있다 – 한달음에 달려가 경찰과 격한 말싸움을 벌였다. 경찰이 할 일을 했을 뿐인 게 사실이라 영사는 만족스러운 결과를 얻지 못했다. 그러자 영사는 영사관으로 달려가 광둥성의 예총독 앞으로 보상과 사죄를 명령하는 서한을 보냈다. 홍콩의 존 바우링 경과 시모어 제독에게는 영사 본인과 영국의 국기가 견딜 수 없는 치욕을 겪었다는 편지를 보내면서 드디어 광둥에 본때를 보여줄 날이 왔음을 암시했다.

예 총독은 젊은 영국인 영사의 오만한 요구에 정중하고도 담담한 반응을 보였다. 총독은 체포 이유를 설명하면서 이 사건에 대해 왜 오해가 있는지 안타깝다고 말했다. 또 총독은 영국 국기를 모욕하려는 의도는 털끝만큼도 없었다고 부인했다. 합법적으로 체포했지만 이토록 심각한 오해를 무릅쓰며 가둬 둘 의사가 없다며 범법자들을 풀어주기까지 했다.

하지만 팍스 영사에게는 만족스러운 답변이 아니었나 보다. 그는 정식 사과와 공식적인 배상을 주장하며, 이를 거부할 경우 결과에 책임을 져야 할 거라고 말했다. 곧이어 시모어 제독과 영국 함대가 도착했다. 제독 측은 독단적이고 위협적으로, 중국 관리 측은 침착하고 정중하게 이야기를 주고받았다. 시모어 제독은 광둥성 안에서 직접 대면 미팅을 요구했지만, 예 총독은 전례 없는 일일 뿐만 아니라 홍콩 총독인 조지 보넘 경 역시 대면 미팅의 불필요에 동의했다는 사실을 전했다. 그리고 필요하면 평소처럼 성 밖에서 미팅하는 데 선뜻 동의하겠다면서 중국의 관례와 예법에 어긋나지 않는 한 제독의 요구를 수용하겠다는 뜻을 보였다. 하지만 이 대답은 싸움에 혈안이 된 영국 권력의 대리인에게 썩 만족스럽지 않았다.

지금까지 간략히 설명한 이 상황을 토대로 작금의 비겁

하기 짝이 없는 전쟁이 시작됐다. 대중이 확인 가능한 공식 기록 또한 이 사실을 뒷받침한다. 죄 없는 광둥 시민과 비폭력적인 광둥 상인들이 학살당했다. 삶의 터전은 산산이 조각났다. 인권 또한 침해당했다. '중국인들의 난폭한 행동 때문에 우리 영국인의 목숨과 재산이 위험에 처했다'는 얄팍한 구실로 자행된 일이다. 영국 정부도, 영국 국민들도 이런 구실이 얼마나 허구이며 가식인지 알 것이다. 적어도 이 사태를 이해하려고 노력한 사람이라면 말이다. 본질에서 벗어난 방향으로 수사를 돌리려는 시도가 있었고, 애로우호 사건 이전에도 수두룩한 피해가 있었으니 대중에게 '전쟁의 이유'가 충분하다는 인식을 심으려는 시도도 있었다. 하지만 여전히 근거 없는 주장일 뿐이다. 피해를 본 영국인 한 명당 중국인이 호소할 수 있는 피해가 최소 아흔아홉 건은 된다.

영국의 가호 아래 중국에 거주하는 외국인들은 매일 대범하게 조약을 위반하고 있다. 이러한 상황에 대해 영국 언론은 얼마나 침묵하고 있는가! 사람 목숨과 도덕적 양심을 대가로 해마다 영국 재무부의 배를 불리는 아편 불법 거래에 관한 보도는 눈을 씻고 봐도 찾기 어렵다. 수출입 상품에 대해 중국 정부가 받아야 할 정당한 수익이 있는데, 이를 가로채기 위해 하위 공직자들에게 끊임없이 제공되는 뇌물에 관한 보도 또한 찾기 어렵다. 거짓말에 속거나 허위 계약 때문에 끌려간 중국인 이민자들이 페루와 쿠바에서 노예보다 못한 신세로 팔려나가 죽을 때까지 학대를 당하는 상황에 대한 보도도 찾기 어렵다. 성품이 온화한 중국인들을 대상으로 한 괴롭힘이나 무역으로 개방된 항구에서 외국인들이 저지르는 악행에 관한 보도 역시 찾아볼 수 없다. 이 모든 상황은 물론 더한 일에 관해서도 우리는 아무 소식도 접해본 일이 없다.

그 이유는 첫째, 중국에 살지 않는 대다수 사람들이 그 나라의 사회·도덕적 현실에 관심 자체가 없기 때문이다. 둘째, 금전적으로 이득을 기대할 수 있는 주제가 아닌 이상 괜히 나서서 언급하지 말자는 게 기본적인 태도이기 때문이다.

자기 마실 차를 사 오는 식료품점 반경 너머로는 한 치도 내다보지 않는 영국 본토의 국민들은, 이처럼 정부 부처와 언론이 대중의 입에 욱여넣는 거짓 사실을 날름 삼킬 뿐이다. 중국에서 아편전쟁 당시 불붙었던 영국인에 대한 증오는 그동안 억눌려 있었지만, 이제 그 불씨가 적대감의 불길로 되살아나는 중이다. 아마 어떤 평화나 우호 제안으로도 진정시키기 어려울 것 같다.

금전적으로 이득을 기대할 수 있는 주제가 아닌 이상 괜히 나서서 언급하지 말자는 게 기본적인 태도이기 때문이다. 자기 마실 차를 사 오는 식료품점 반경 너머로는 한 치도 내다보지 않는 영국 본토의 국민들은, 이처럼 정부 부처와 언론이 대중의 입에 욱여넣는 거짓 사실을 날름 삼킬 뿐이다.

공장 노동 현황 보고

Condition of Factory Laborers

×

New York Daily Tribune 1857. 4. 22.

얼마 전 발간된 〈작년 10월 31일 기준 반기별 공장 관리 감독보고서〉는 영국의 사회 해부학적 분석에 중대한 기여를 한다. 보고서는 이번 총선에서 공장주들이 보인 보수적인 태도를 설명하는 데도 적지 않게 도움이 된다.

1856년 회기 중 소위 '공장법'으로 불리는 법안이 의회에서 졸속 통과됐다. '과격 성향의' 공장주들은 법안을 통해 먼저 공장 기계 설비를 위한 펜스 설치 관련법에 손을 댔고, 다음으로 공장주와 인부 사이의 분쟁에 적용될 중재 원칙을 정했다. 전자는 유일하게 인부들의 신체와 목숨을 보호하기 위한 목적의 법이었고, 후자는 그 보호를 무능한 형평법 법원[21]에 귀속시키는 법이었는데 말이다. 실제로 후

21 보통법이 미치지 못하는 영역의 사건을 형평법에 따라 재판하는 법원. 당시 절차가 매우 느리고 비효율적이라는 비판을 받았다.

자가 노동자에게서 법의 보호를 빼앗는다면, 전자는 노동자에게서 사지를 빼앗아 가는 법인 셈이다. 관리감독관의 합동보고서 일부를 발췌한다.

> 새로운 법령에 따르면 **'통상적 업무'** 과정에서 공장 설비 근거리에서 일하는 작업자가 그로 인해 노출되는 위험 요소에 대해 숙지하고 있는 경우, 필요한 주의를 기울였다는 전제하에 법의 보호를 받을 수 있다. 다만 법의 보호가 **'철회되는'** 경우도 있다. 별도 명령에 따라 통상적 업무를 중지하고 위험 업무 환경에 투입되는 경우 - 그리고 그 위험의 존재를 인지하지 못하고 있는 경우 - 그러니까 무지 때문에 자기 안전을 지키지 못한 경우다. 사실 그런 경우야말로 예외적으로 법의 보호가 필요하다고 보이지만 말이다.

게다가 중재 관련 조항은 '(신체적 위해를 가한) 기계를 조립하는 데 숙련된' 이들 중에서 중재자를 선택해야 한다고 규정하고 있다. 한마디로 말해 기술자와 기계 제조업자에게 독점적으로 조정을 담당하라는 것이다. 관리감독관은 이에 대해 "우리는 기술자와 기계 제조업자들이야말로 공장 관련 중재자로서 부적합 판정을 받아 마땅하다고 생각한다. 업무 관계로 볼 때 공장 운영자가 결국 그들의 고객이기 때문"이라고 말한다.

지금의 이런 법 규정을 고려할 때, 기계 사고 수치는 놀랄 일이 아니다. 1856년 10월 31일 기준 6개월 동안 사망,

손이나 팔 절단, 다리나 발 절단, 사지 골절, 두부 및 안면 골절, 자상, 타박상 등의 사고가 자그마치 1,919건이나 발생했다. 사망 사고 20건은 산업공보에도 실린 바 있다. 그 영광스럽다는 광둥 학살 당시 영국 해군 사망자의 약 10배는 되는 수치다.

공장주들은 자신들이 고용한 노동자의 목숨이나 팔다리를 지켜주려고 노력하기는커녕 일하다 잃은 팔과 다리에 대한 보상금을 어떻게 하면 피할 수 있을지 고민하고, 이 '움직이는 기계'들의 '마모 비용'을 어떻게 남에게 떠넘길지에만 혈안이 되어 있다. 그러니 보고서에 실린 "공장법을 위반한 초과노동이 **늘어나는** 추세다"라는 내용은 전혀 놀라울 게 없다.

공장주들은 자신들이 고용한 노동자의 목숨이나 팔다리를 지켜주려고 노력하기는커녕 일하다 잃은 팔과 다리에 대한 보상금을 어떻게 하면 피할 수 있을지 고민하고, 이 '움직이는 기계'들의 '마모 비용'을 어떻게 남에게 떠넘길지에만 혈안이 되어 있다.

초과노동은 법적으로 허용되는 것보다 더 오래 미성년자를 고용하는 행위를 뜻한다. 초과노동은 다양한 방법으로 강요된다. 새벽 6시 전부터 일을 시키거나, 저녁 6시 이후에도 계속 일을 시키거나, 법으로 정해진 식사 시간을 줄여 버리는 방법 등이다.

기계가 가동되는 시점은 하루 세 번이다. 아침에 작업이 시작될 때, 그리고 아침과 저녁 두 끼 식사 후에 작업이 재개될 때다. 기계가 멈추는 시점도 세 번이다. 매 식사 시간이 시작할 때, 그리고 저녁에 작업이 마무리될 때다. 그러니까 하루 여섯 번, 5분씩 시간을 훔칠 기회가 있는 셈이다. 하루당 30분이다. 하루에 5분씩 늘어난 작업 시간을 주 단위로 곱하면 한 해 이틀하고도 반나절의 생산량이 더해진다. 물론 속임수에 가까운 초과노동의 실제 수준은 그 이상이지만 말이다.

랭커셔 공장의 관리감독관 레너드 호너 씨의 말이다. "불법 초과노동으로 얻는 수익은 공장주들에게 차마 뿌리치기 힘든 유혹인 듯하다. 공장주들은 적발되지 않을 확률에 기대를 건다. 설사 걸려서 유죄 판결을 받더라도 처벌과 벌금이 미미한 상황을 목격하게 된다. 따라서 위험을 감수하고 얻는 쪽의 수익이 훨씬 크다는 걸 깨닫는다."

공장법상 벌금은 매우 가벼운 수준이다. 게다가 공장주들은 자신들이 공장법을 빠져나갈 수 있도록 미리 손을 써놓았다. 공장 관리감독관들은 "불법 노동을 효과적으로 근절시키는 건 불가능에 가까우리만치 어렵다"고 입을 모은다. 또 가진 게 많은 이들이 고의로 저지르는 범행을 지탄해야 한다고 말한다. 적발을 피할 정도로 아슬아슬하게 저지르는 위반과 노동자 보호 임무를 진 관리감독관과 부감독관들을 대상으로 꾸미는 음모 역시 비난받아 마땅하다고 말한다.

관리감독관이나 부감독관 또는 순경이 작업장에 초과노동 혐의를 제기하려면 작업자들이 법정 노동시간을 초과해 일했음을 증언할 수 있어야 한다. 자, 감독관이 저녁 6시에 출동했다고 가정해보자. 기계는 일시에 정지되고, 작업자들은 그저 기계를 바라보고만 있다. 지금의 법 규정에 따르면 이런 경우는 기소할 수 없다. 작업자들은 공장 밖으로 황급히 내보내지는데, 더 빨리 흩어질 수 있도록 출입구 여럿을 통해 나가곤 한다. 부감독관들이 작업장에 들어서는 순간 소등되는 경우도 종종 있다. 복잡한 기계들 사이에서 갑자기 어둠이 덮치는 것이다. 초과노동으로 악명 높은 곳에는 관리감독관의 접근을 미리 알리는 조직적 행동 계획이 존재한다. 철도역 종사자나 숙박 시설 종업원들이 이런 행동 계획에 이용되곤 한다. 젊은 노동자 세대의 피를 빨아 살을 찌우는 이런 흡혈귀들이야말로 영국 아편 밀수꾼의 단짝이고, '조국만을 위한다는 정부 각료들'과 천생연분 아닐까?

이번 보고서가 명확히 증명하는 사실은 이렇다. 공장이 늘면서 공장에서 벌어지는 악행 또한 늘고 있다. 공장주의 잔혹한 탐욕을 제지하려고 입법된 법안은 전부 엉터리이자 사기다. 법안의 문구는 표면적으로 내세운 목표를 성취할 수 없도록 만들어져 있다. 법안의 실행을 담당하는 이들의

공장주의 잔혹한 탐욕을 제지하려고 입법된 법안은 전부 엉터리이자 사기다. 법안의 문구는 표면적으로 내세운 목표를 성취할 수 없도록 만들어져 있다. 법안의 실행을 담당하는 이들의 손발을 묶는 조항들이 들어 있다.

손발을 묶는 조항들이 들어 있다. 공장주와 작업자 간의 적대감은 사회적 전쟁의 경지로 빠르게 치솟는 중이다. 공장 시스템에 흡수되는 13살 미만의 아이들이 몇몇 업종에서 증가 중이며, 여성의 숫자도 모든 업종에서 증가하고 있다. 마력에 대비해 투입되는 노동력의 비율은 예전과 같지만, 기계에 대비해 투입되는 노동력은 줄었다. 증기 엔진은 효율성이 늘어 이제 10년 전보다 더 큰 기계를 돌릴 수 있게 됐다. 늘어난 작업량은 속도가 더 빨라진 기계 장비로 소화되고 있다. 공장주들은 그렇게 자기 호주머니를 빠르게 불리는 중이다.

보고서가 보여주는 흥미로운 통계 수치는 앞으로도 주목할 만하다. 왜 랭커셔 '산업 노예'의 주인들이 국내 현안으로부터 대중의 주의를 분산시킬 외교 관련 사안을 필요로 하는지 이제 금세 이해되리라 생각한다.

영국 내 경제보고서

Important British Documents

×

New York Daily Tribune 1858. 5. 20.

영국 정부는 최근 여러 통계보고서를 발표했다. 상무부의 1858년 1/4분기 보고서, 1857~1858년 1월 기준 구빈 대상자 현황비교보고서, 반기 공장관리감독보고서 등이다. 상무부의 발간 보고서는 예상했던 대로 올 첫 분기에 전년도 대비 수출뿐만 아니라 수입까지도 상당히 하락했음을 보여준다.

신고된 총액 기준으로 수출의 경우, 작년 동기간 28,827,493파운드였던 데 반해 올해 첫 3개월은 23,510,290파운드로 줄었다. 영국의 수출액 합계가 약 19% 감소한 셈이다. 수입의 경우, 주요 품목의 수입 총액표는 2월 말 기준인데 작년 2월 말과 비교했을 때 14,694,806파운드에서 10,117,920파운드로 감소세를 보였다. 수출보다 수입의 감소폭이 더욱 두드러진다. 작년과 올해 첫 3개월 기준 영국의 대미 수출 현황은 다음 비교표에서 확인할 수 있다.

대미 수출 품목 수량 및 신고가

	수량		신고가(파운드)	
항목(단위)	1857년	1858년	1857년	1858년
맥주 및 에일(배럴)	9,504	6,581	40,893	29,269
석탄 및 무연탄(턴)	19,972	44,299	11,975	24,818
면직물(야드)	61,198,140	35,371,538	1,128,453	618,540
철물 및 날붙이류(100웨이트)	44,096	14,623	301,275	104,668
리넨 제품(야드)	18,373,022	8,757,750	527,076	265,536
선철(턴)	10,172	6,569	39,927	20,344
철제 바(턴)	70,877	6,417	610,124	54,602
주철(턴)	207	2,362	4,659	14,475
각종 가공 금속	12,578	2,097	151,602	29,218
철/비가공	3,607	1,118	128,178	43,666
구리(100웨이트)	11,075	1,954	69,286	10,595
납(턴)	941	60	21,793	1,324
지방종자(갤런)	400,200	42,790	62,576	5,768
소금(턴)	66,022	35,205	33,169	16,990
실크 제품(파운드)	66,973	22,920	82,280	25,212
모직, 의복(점)	106,519	30,624	351,911	110,096
모직, 혼합(점)	9,030,643	6,368,551	401,249	232,202
소모 직물(점)	212,763	80,601	249,013	106,913
도기 및 자기류	...	...	155,700	70,998
봉제 도구 및 모자류	...	...	614,825	288,752
양철판	...	...	273,409	105,847

몇 가지 미미한 예외를 빼면, 총체적이고 심각한 하락세를 보여주는 표다. 놀라운 점은, 대부분 항목의 수출 신고 가액 감소폭이 수량의 감소폭에 미치지 못한다는 사실이다. 미국 시장은 이런 측면에서 다른 국가보다 훨씬 득이 되는 시장임을 여실히 드러낸다. 영국은 다른 나라 시장에 더 많이 내다 팔고도 더 적은 대금을 받은 바 있다.

네덜란드에 수출한 모직 제품의 경우를 보자. 1857년 수출액 254,593파운드 대비 1858년 수출액은 277,342파운드였다. 하지만 거둬들인 금액은 1857년 25,563파운드였던 데 반해 1858년에는 24,949파운드에 그쳤다. 프랑스에 수출한 금액은 1857년 1,445,322파운드 대비 1858년에는 1,505,621파운드였는데, 거둬들인 금액은 103,235파운드였다. 그보다 수출 물량이 적었던 1857년의 수출 대금은 자그마치 108,412파운드였는데 말이다.

이와 더불어 올해 1분기 전체 수치와 3월 수치를 떼어 비교해보면 대미 수출 규모가 회복세에 있음을 확인할 수 있다. 소모 직물의 경우 1857년과 1858년을 비교했을 때 전체 분기 기준으로는 249,013파운드에서 106,913파운드로 하락했지만, 3월 한 달 기준 낙폭은 66,617파운드에서 54,376파운드에 지나지 않는다. 아무튼 이런 일반적인 흐름에서 예외적으로 영국산 제조품 수입량이 줄지 않고 오히려 대폭 증가한 나라가 있는데, 바로 인도다. 다음 수치를 보자.

	수량		신고가(파운드)	
항목(단위)	1857년	1858년	1857년	1858년
맥주 및 에일(배럴)	24,817	51,913	77,845	166,567
면직물(야드)	120,092,475	151,463,533	1,385,888	1,787,943
철물 및 날붙이류 (100웨이트)	10,642	16,776	42,849	67,287
면사(야드)	5,145,044	10,609,434	276,469	531,567
철제 바(턴)	20,674	26,266	191,528	217,539
동판 및 레일 (100웨이트)	18,503	23,313	115,927	132,156
모직, 의복	12,123	19,571	63,846	90,584
도기 및 자기류	...	...	9,989	19,631
봉제 도구 및 모자류	...	...	21,350	31,427
증기기관	...	...	31,408	36,019

늘어난 대인도 수출 중 모직 제품과 같은 항목은 전쟁에 따른 수요로 설명 가능하다. 그러나 일반적으로 상승세의 근거를 그런 쪽에서 찾아서는 안 된다. 사실 설명은 간단하다. 몇 달간의 내란으로 인도 시장은 완전 폐쇄 상태였고, 당시 시장에 유통되던 상품이 전량 소비됐는데, 그에 따른 물품 공백이 이제 채워지는 중이라는 얘기다.

호주의 경우 영국 수출품 몇몇이 상당히 증가한 게 관찰되지만, 시드니와 멜버른에서 온 편지에 따르면 늘어난 수출품은 투기의 성격을 띠는 게 확실해 보인다. 수출 신고가

업종별 비중(20세 이상)

구분	20세 이상 인구수	기계, 기술, 무역 및 가사 서비스(%)	농업 (%)	제조업 (%)	광업 및 광물 관련업 (%)
메트로폴리스	1,394,963	47.6	1.1	6.0	3.5
사우스이스턴 잉글랜드	887,134	30.7	20.8	2.5	2.4
사우스 미들랜즈	660,775	28.8	25.4	7.1	2.4
이스턴 잉글랜드	603,720	27.4	26.5	4.0	2.3
사우스웨스턴 잉글랜드	978,025	28.6	23.3	4.6	5.6
웨스트 미들랜즈	1,160,387	29.1	15.5	5.2	12.6
노스 미들랜즈	654.679	31.8	21.7	6.4	5.3
노스웨스턴 잉글랜드	1,351,830	29.8	8.3	21.5	5.4
요크	961,945	25.2	14.3	17.5	7.3
노던 잉글랜드	521,460	27.7	16.1	4.2	12.4
웨일스	641,680	21.8	25.7	2.5	12.4
잉글랜드 및 웨일스	9,816,597	31.0	16.1	8.4	6.3

대로 팔리지 않고 대폭 할인된 가격에 처분되고 말 것이다.

1월 다섯째 주 공식 구호품을 받은 잉글랜드와 웨일스의 빈민자현황 비교보고서에 의하면, 구빈 대상자의 수는 작년 920,608명에서 올해 976,773명으로 증가했다. 전체 증가율은 6.10%였다. 그러나 공업 중심 지역인 노스 미들랜즈와 노스웨스턴 및 요크 지역의 경우, 구빈 대상자의 증가세는 각각 20.52%, 44.87%, 23.13%를 기록했다. 여기서 우리는 노동자 계층에 속하는 이들의 상당수가 구빈원에 나가느니 고집스럽게 굶는다는 점을 명심해야 한다.

공식 보고서에서 발췌한 앞의 표(업종별 비중)는 흥미로운 사실을 보여준다. 전체 인구 중에서 제조업에 종사하는 비중을 봤을 때, 영국 내에서 그 비중이 매우 적다는 걸 증명하고 있다.

공장관리감독보고서의 경우, 1857년 10월 말까지만 반영된 상태인데, 평소와 달리 성의가 부족해 보이는 이유를 두고 관리감독관들은 공장 폐쇄와 업무 시간 단축, 수많은 공장주의 파산 및 전반적인 무역 침체 때문이었다고 입을 모은다. 보고서를 작성하기 시작할 즈음 이런 일들이 발생하면서 유효한 정보 수집이 힘들었다는 거다. 신설되는 공장이나 기계 동력을 추가 배치한 공장, 문을 닫는 공장 등 과거 수집하던 정보들을 확인하는 게 힘들어 경제 위기 영향을 보여줄 산업 통계는 다음 보고서를 확인해야 할 형편이다.

이번 보고서에 실린 새로운 특집기사는 날염업에 종사하는 아동과 미성년자 처우에 관한 일부 현황 정도다. 영국 입법부는 1845년이 되어서야 섬유 산업을 넘어 날염업까지 감시를 확대했다.

날염업법은 여러모로 공장법의 조항을 따르고 있는데, 감독관의 권한이나 불법 행위자에 대응하는 방식, 법 적용에 있어 발생할 수 있는 각종 어려움에 관한 세부사항이 공장법을 따르고 있다. 또 날염업법 역시 공장과 마찬가지로 피고용자 등록을 규정하고 있다. 나이 어린 노동자들의 종신 고용 전에 확인 담당 의사가 검진을 하고, 공람 시계가 하루 노동의 시작과 끝 시간을 잘 맞추는지 정확도를 확인하도록 규정하고 있다. 노동자 분류에 따라 등급을 세분화하는 공장법상 명칭도 똑같이 사용한다. 다만 각 등급을 구성하는 노동자가 누구인지를 사뭇 다르게 정의하고 있다. 그래서 노동 제한에 따라 노동자를 보호하는 폭 또한 많이 차이가 난다.

공장법 분류에 따른 세 등급은 첫째, 18세 이상의 남성으로 제한 없이 노동이 가능하다. 둘째, 13~18세 사이의 남성 및 13세 이상의 여성은 노동 시간이 제한된다. 셋째, 8~13세 사이의 아동은 노동 시간이 제한되며, **매일** 학교에 출석해야 한다.

날염업에서 세 등급은 첫째, 13세 이상의 남성으로 제한 없이 노동 가능하다. 둘째, 13세 이상의 여성은 노동 시간이 제한된다. 셋째, 8~13세 사이의 아동은 노동 시간이 제한되며 **'주기적으로'** 학교에 출석해야 한다. 그러나 날염업법은 다음에 해당하는 조항은 어떤 것도 포함하지 않는다는 점에서 공장법과 본질적으로 다르다.

식사 시간 별도 제공, 토요일 휴무, 크리스마스 당일 및 성(聖)금요일의 업무 중지, 정기적 반나절 휴무, 위험한 기계류의 안전 울타리 설치, 사건 사고 보고 및 부상 노동자에 대한 보상, 작업장 내 정기적 석회 페인트칠 등.

이제 기계공의 노동 시간도 일반 노동자의 통상 업무 시간과 비슷해졌다. 오전 6시에서 오후 6시까지 일하고, 한 시간 반의 식사 시간이 주어진다. 하지만 법적 제한이 있음에도 불구하고, 날염업에서 노동 시간은 사실상 제한되지 않은 것으로 볼 수 있다.

날염업법 제22조 제8항 및 제9항 29호만이 노동 업무에 대해 유일하게 제한하는 내용을 담고 있다. 먼저 8세에서 13세 아동 및 여성은 야간 노동에 투입될 수 없다는 조항이다. 야간 노동은 밤 10시에서 다음 날 새벽 6시로 정의된다. 결국 8세 아동의 경우, 숨막히는 온도의 작업장에서 새벽 6시부터 밤 10시까지 어떠한 휴식 시간 없이 계속 노동에 투입될 수 있다는 얘기다. 실제로도 이렇게 합법적으로 고용되어 여러모로 공장 노동과 다름없는 노동에 투입되고 있다. 그리고 아동의 나이가 13세가 되면 아무 법적 제약 없이 밤낮 없는 노동에 투입될 수 있고, 실제 자주 그러하다.

날염업에 고용된 아동의 학교 출석 기준은 또 이렇게 규정되어 있다. 날염업에 고용되기 전 모든 아동은 최소 30일 이상 학교에 출석해야 하고, 고용 첫날부터 6개월 이전까지 최소한 150시간 이상 출석한 상태여야 한다. 날염업에 고용된 기간 중에도 매 6개월마다 동일하게 최소 30일, 최소 150시간 이상 출석해야 한다. 학교 출석 시간은 오전 8시부터 오후 6시다. 하루 2.5시간 이하의 출석 시간은 150시간 기준에 인정되지 않으며 하루 5시간을 초과해도 인정되지 않는다.

공장 감독의 넘치는 배려는 이런 제재를 실행하는 방법에 있어서 특히 두드러진다. 아이들은 법이 요구하는 시간에 맞춰 출석하지만 하루는 이 시간, 다른 날은 다른 시간에 출석하면서 결코 규칙적으로 나오는 법이 없다. 예를 들어 어떤 날은 아침 8시에서 11시까지, 다른 날은 오후 1시에서 4시까지 나오는 식이다. 며칠 동안 학교에 나오지 않다가 갑자기 오후 3시에서 6시까지 나오기도 한다. 사나흘 또는 일주일 연속으로 출석하다가 갑자기 3주고 한 달이고 자취를 감추기도 한다. 고용주의 허락이 있을 때만 이따금씩, 어중간한 시간에 학교에 나오는 것이다. 이리저리 휘둘리면서 아이들은 학교와 일터를 오가고, 이렇게 150시간 출석이라는 거짓말이 만들어진다.

중국과의 무역

Trade with China

×

New York Daily Tribune 1859. 12. 3.

한때 '천조국'으로 불리던 중국의 빗장이 열리면 미국과 영국의 제품들이 선풍적인 호응을 받을 거라는 들뜬 분위기가 보이곤 했다. 당시 우리는 금세기 초에 시작된 중국의 대외 상거래를 꼼꼼하게 검토해 그 거창한 기대가 제대로 된 근거에 기반하지 않는다는 사실을 알렸다. 아편 무역은 서양 제품의 판매에 반비례했는데, 그와는 달리 대중국 수출 무역의 확장에 가장 큰 걸림돌은 중국 사회의 경제 구조였다. 정확히 말해 소규모 농작과 가내 수공업의 결합 때문이었다. 이러한 우리 주장을 뒷받침하기 위해 '엘긴 경의 중국 및 일본 특수사절단 임무 관련 교신'이라는 제목의 보고서를 소개하고자 한다.

아시아 국가에 수출한 제품의 실제 수요가 기대치에 부응하지 못한 경우를 보면 나라의 크기나 인구, 몇몇 항구도시에서 수입품을 판매하는 시장 등 대부분의 수요가 매우 피상적인 데이터를 기반으로 계산된 경우였다. 이때마다 무역업자들은 더 큰 교역지를 확보하려고 안달한 나머지 실망스러운 결과의 원인을 다른 데로 돌렸다. 야만적인 현지 정부가 꾸며낸 인위적 제재가 자신들을 방해했다는 것이다. 그러면서 결국 무력으로 휩쓸어버려야 한다고 믿곤 했다.

바로 이런 착각이 이 시대 영국 상인들을 극단적인 지지자로 바꿔 놓았다. 해적의 침략 마인드로 야만인들에게 통상 조약을 탈취하겠다고 약속하는 장관이라면 누구든 상관없었다. 상인들은 그런 장관을 무분별하게 지지했다. 해외에 진출해 맞닥뜨려야 하는 중국 당국의 인위적 제재는 천조국을 상대로 저지른 각종 잔혹 행위를 정당화해주는 편리한 구실이 되었다. 엘긴 경의 보고서에 담긴 귀중한 정보는 객관적 시각을 가진 이들의 마음속에서 그런 위험한 착각을 몰아내는 역할을 할 것이다.

보고서 자료 중에는 조지 보넘 경 휘하 광둥 주재 영국 대리인 미첼이 보낸 내용도 포함되어 있다. 다음은 보고서에서 발췌한 문단이다.

> 이 나라(중국)와의 통상 조약은 이제 (1852년) 거의 10년 가까이 됐다. 모든 장애물은 제거됐고, 해안에서 1천 마일 안쪽 육지까지 개방됐으며, 생산지 바로 코앞에서부터 해안가 가장 길목 좋은 곳까지 새 시장이 세워졌다. 그런데 확언했던 우리 영국 제품 소비 증가의 실제 결과는 어떨까? 솔직히 말하면 이렇다. 조약 체결 이후 지난 10년치의 상무부 자료를 보면, 헨리 포팅

거 홍콩 총독이 1843년 추가 협정을 체결했을 당시의 무역 규모가 1850년 말보다 더 컸음을 확인할 수 있다! 적어도 우리의 유일한 관심사인 영국 국내 제조 물자의 무역에 한해서 그렇다.

미첼은 아편과 은 거래가 대부분을 차지했던 인도와 중국 사이의 무역이 1842년 조약 이후 크게 발전했음을 인정한다. 그렇지만 이에 대해 이런 말도 덧붙였다.

과거 1835~1844년의 무역 성장세는 사실상 통상 조약의 보호를 받기 시작한 1844년 이후 지금까지의 성장세에 버금가는 수준이었다. 반면 우리 눈앞에 드러난 사실은 상무부 표에서 보듯, 우리 제품의 중국 수출 규모가 1844년 말과 비교해 1850년 말에 75만 파운드 가까이 감소했다는 것이다.

1842년의 조약이 중국을 대상으로 하는 영국의 수출 무역을 키우는 데 아무 영향을 주지 않았다는 점은 다음 표에서 확인할 수 있다.

연도별 수출 신고 금액

	1849년	1850년	1851년	1852년	1853년
면화 제품	1,001,283	1,020,915	1,598,829	1,905,321	1,408,433
모직 제품	370,878	404,797	373,399	434,616	203,875
기타	164,948	148,433	189,040	163,662	137,289
총합	1,537,109	1,574,145	2,161,268	2,503,599	1,749,597

	1854년	1855년	1856년	1857년
면화 제품	640,820	883,985	1,544,235	1,731,909
모직 제품	156,959	134,070	268,642	286,852
기타	202,937	259,889	403,246	431,221
총합	1,000,716	1,277,944	2,216,123	2,449,982

자, 이 수치를 1843년 기준 영국 제조품에 대한 중국의 수요와 비교해보자. 미첼은 중국의 당시 수요가 1,750,000파운드라고 말한 바 있다. 그렇다면 지난 9년 중 5개년의 영국 수출 수치는 1843년 수준보다 훨씬 아래로 떨어졌고, 1854년 수출 금액은 1843년 기준 수요의 약 55% 수준 밖에 되지 않는다는 사실을 알 수 있다. 미첼은 이런 충격적인 사실을 설명하면서 너무 막연해 보이는 이유를 들었다. 이런 식이다.

"중국인들은 워낙 검소함이 몸에 배어 있어 자기 아버지가 입던 옷을 그냥 물려 입곤 한다. 달리 말하면 아무리 값을 깎아줘도 필요한 것 이상을 사지 않는다는 거다."

"중국인 노동자는 지극히 고된 막노동에도 헤지지 않고 3년 이상 버티는 겉옷이 아니라면 사 입을 형편이 되지 않는다. 이런 기준에 맞는 옷감은 우리 영국이 중국으로 수출하는 가장 두꺼운 무명 제품보다 목화솜을 세 배 이상 써서 만들어야 한다. 우리가 수출할 수 있는 가장 두꺼운 무명과 리넨을 세 배 정도 두껍게 만들어야 한다는 것이다."

물욕이 없고 옷을 대물려 입는 성향은 무역업이 새로운 시장에 진입할 때마다 마주하는 장애물이다. 그럼 무명의 두께나 내구성에 있어 영국과 미국의 제조업자들은 중국인의 예외적인 요구 조건에 부합하도록 상품을 맞출 수 없는 걸까? 바로 이 지점에서 문제의 본질이 드러난다.

1844년 미첼은 중국 현지인의 의복 샘플을 종류별로 모아 영국으로 보냈다. 각각 가격도 명시했다. 그러자 그 가격으로는 맨체스터[22]에서 도저히 제작이 불가하며 중국까지 실어 보내는 건 더더욱 불가능하다는 회신이 돌아왔다. 세계에서 가장 발전한 생산 시스템을 가지고도 가장 원시적인 베틀에서 손으로 짠 천보다 더 저렴하게 제품을 생산하지 못하는 이유는 무엇일까? 앞서 지적한 조합, 즉 소규모 농작과 가내수공업을 살펴보면 수수께끼가 풀린다. 다시 미첼의 말을 인용한다.

"작물을 수확하면 젊은이 늙은이 할 것 없이 농가에 모여 목화를 분리하고 꼬아 엮는 작업을 한다. 이렇게 가내에서 짠 두껍고 튼튼한 직물은 2~3년은 버텨야 할 거친 옷에 적합하도록 만들어진다. 그들은 이걸로 옷을 만들어 입고 남는 걸 근처 시내로 가져간다. 가게 주인은 근처 마을 사람들과 강가 쪽배에 거주하는 이들에게 판매하려고 이걸 사들인다. 이렇게 가정에

22 영국 맨체스터는 19세기 섬유제조업의 중심지였다.

서 짠 직물이 나라 전체의 열 중 아홉이 입는 옷이 된다. 거친 무명천에서부터 최고급 난징 무명까지 다양한 질의 제품들이 모두 농가에서 만들어지는데, 만들 때 원재료의 값 이상으로는 단 한 푼도 들지 않는 셈이다. 오히려 그걸 판 돈으로 설탕 값이 생긴다. 근검절약 정신의 결과물인 셈이다.

영국의 제조업자들로서는 잠깐만 생각해봐도 알 수 있다. 이런 시스템이 얼마나 놀랍도록 경제적인지, 그리고 그 시스템이 농부 본인의 다른 여러 필요성과 얼마나 예술적으로 잘 맞아떨어지는지, 한눈에 봐도 이런 거친 직물에 한해서는 자신들이 얼마나 상대가 되지 않는지 말이다. 어지간한 살림을 갖춘 농가라면 모두 베틀을 갖고 있다는 사실은 세계 어느 나라에도 없는 중국만의 특징일지 모른다. 다른 나라의 국민이었다면 면화를 분리하고 꼬는 작업만으로 만족하며 그 시점에서 손을 떼고, 전문 방직공이 옷을 만들도록 실뭉치를 보냈을 것이다. 다만 알뜰한 중국인들이 그 과정을 온전히 해낼 뿐이다. 중국인은 목화를 분리하고 꼬아낼 뿐만 아니라 아내와 딸, 농장 일꾼의 도움을 받아 직접 베틀로 짠다. 가족이 필요로 하는 것만 만들고 그치는 경우는 거의 없다. 주변 마을과 강에 공급하기 위해 일정량의 옷감을 생산하는 걸 한철 작업의 필수 부분으로 삼는 것이다."

"그러니 푸젠의 농부는 단순한 농부가 아니라 농업인이자 제조업자다. 그는 원재료 값 외에는 단 한 푼도 들이지 않고 옷감을 생산한다. 자신의 집에서, 자기 아내와 농장 일꾼들의 손을 빌려 만들어낸다. 추가 노동도 추가 시간도 들지 않는다. 농부가 리넨을 꼬고 짜는 시기는 작물이 자라는 기간 또는 농작물

수확 이후 바깥일이 불가한 장마철이다. 말하자면 1년 내내 짬이 날 때마다 이런 가내수공업이 자신의 본업인 양 보람된 소일로 시간을 보낸다."

미첼의 설명을 보완하는 차원에서, 엘긴 경이 양쯔강을 항해하며 만난 농촌 주민에 대한 설명을 덧붙인다.

"내가 본 바에 따르면, 중국 농촌의 사람들은 대체로 부족함 없이 만족스럽게 살고 있다. 성과는 변변치 않았지만, 나는 그들의 재산 규모, 소작권 조항, 내야 할 세금 등에 관한 정확한 정보를 알아내려고 무척 노력했다. 그렇게 도달한 결론은 이렇다. 그들은 대체로 자기 땅을 보유하고 있으며, 왕실에 전적으로 귀속된 땅은 아주 예외적이다. 왕실 땅의 경우 크게 부담되지 않는 수준의 연간 비용을 내면 되고, 이런 혜택에 더해 근면성실한 노력의 결과로 먹거리나 의복 등의 검소한 바람을 채우는 데는 부족함이 없었다."

앞서 말한 대로 농업과 제조업의 결합은 아주 오랜 시간 유지되어 왔으며, 영국의 동인도 수출을 제지하는 역할을 해왔다. 동인도에서는 그와 달리 독특한 지주 중심의 토지 제도가 기반이어서 영국은 최고위층 지주라는 자신들의 지위로 힌두인의 사회 기반을 약화시킬 수 있었고, 힌두인의 자급자족 사회를 강제 개조할 수 있었다. 그렇게 아편과 목화, 인디고 풀, 대마 등의 원료를 생산하고, 그 대가로 영국 물건을 사가는 단순한 농장으로 바꿔 놓은 것이다. 영국은 아직 중국에서 이런 힘을 휘두르지 못하고 있고, 앞으로도 가능성은 높아 보이지 않는다.

2부

임금노동과 자본

〈임금노동과 자본Wage-Labor and Capital〉은 원래 1847년 마르크스가 노동자들 앞에서 강의를 위해 준비한 내용이었다. 1849년, 이를 글로 옮겨 자신이 편집장이었던 〈신라인신문〉에 다섯 번에 걸쳐 기사로 연재했다. 시기상으로 보면 프로이센을 떠나 프랑스와 벨기에에 머물며 경제학 연구에 푹 빠져들던 초창기의 작품이다. 비슷한 시기에 집필한 작품으로 〈공산주의 선언(1848)〉이 있다.

이 글의 주된 내용은 노동자의 노동이 어떤 잉여 가치를 발생시키는가, 그래서 어떻게 자본이 증식되는가, 왜 노동자는 자신을 착취하는 자본이 몸집을 키우는 데 협력해야 하는가다. 그로부터 약 30년 후 발표된 후기작 《자본론》의 '맛보기'라고도 할 수 있다.

이 글은 마르크스의 경제학 연구 초창기에 쓰인 탓에 일종의 취약점을 갖고 있는데, 노동의 중심 개념인 '노동력labor-power'과 '노동labor'을 구분 없이 사용했다는 점이다. '노동력'은 노동의 가치를 설명하는 과정에서 등장하는 개념이다. 일반적으로 상품을 생산하는 데 들어간 원자재 값의 합보다 완제품이 판매되는 가격이 더 높다. 마르크스 이론은 이 차이가 원자재 중 하나인 노동자의 '노동'이 만들어낸 가치라고 설명한다. 일반적인 경제학 논리는 '노동'의 값으로 '임금'을 치렀으니 노동의 가치는 임금의 양으로 칠 수 있다고 말한다. 그러나 마르크스가 생각하는 노동의 가치는 '잉여 가치'를 창출하는 노동의 '가치 창조 능력value-creating force'을 포함한다. 임금의 양이나 일한 시간으로 측정되지 않는 추가 가치를 반영한 개념으

로서의 노동, 즉 '노동력'이다.[23]

오늘날의 언어로 바꿔 말하면, 노동자가 자기 월급 이상으로 회사에 부를 벌어준다는 것이다. 하지만 회사 수익이 늘었다고 해서 그에 상응하는 보너스를 받지 못한다. 생계를 유지하려면 회사가 존속하고 수익이 늘기를 바라야 하지만, 자기가 창조한 잉여 가치 중 자기에게 돌아오는 몫보다 회사가 가져가는 몫이 언제나 더 크다. 회사가 커질수록 노동자의 일자리는 늘어난다. 따라서 "생산자본이 최대한 빠르게 증가하는 것이 노동자가 살 만해지는 데 꼭 필요한 조건"이 된다. 하지만 자본의 힘을 가진 회사가 커질수록 "부르주아가 노동 계급을 지배하는 힘이 더 커지는" 역설이 발생한다. "빚쟁이와 채무자가 서로 얽혀 있듯" 노동자는 자본의 굴레를 벗지 못한다. '노동력'을 제공하고도 단순히 노동 시간에 따라 임금을 지급받는 속성 때문이다.

23 '노동력'에 대한 엥겔스의 설명을 보자. "노동력은 오늘날 자본주의 사회에서 여타 원자재와 마찬가지이면서도 한편으론 아주 특이한 원자재로 볼 수 있다. 즉, 가치 창조 능력으로서 가치의 원천이자, 제대로 활용된다면 내재된 가치 이상을 공급할 수 있다. 현재 생산 환경에서 인간의 노동력은 내재된 가치와 존속 비용을 넘어서는 가치를 단 하루 만에 만들어내기도 한다. 다만 새로운 과학 발전과 기술 개발에 발맞춰 매일 생산 비용을 넘어서는 잉여 생산이 발생한다. 그 결과 업무일 중에 노동자가 자기 일당에 해당하는 만큼의 가치를 생산하는 데 투입하는 시간이 줄어들고 있다. 뒤집어 보면, 그만큼 업무일 중에 자본가에게 공짜로 바치는 노동에 투입되는 시간은 늘고 있다."

이런 차이점을 고려하면 '노동력'과 '노동'을 구분해서 사용해야 할 필요가 명확하다. 〈임금노동과 자본〉의 최초 발간본에서 정확히 반영되지 못했던 이러한 용어 구분은 추후 엥겔스의 손을 거쳐 반영됐다.

노동자를 교육하기 위한 강의 자료로 쓰인 만큼 〈임금노동과 자본〉은 마르크스의 다른 작품보다 비교적 읽기 쉽다. 글이 다소 뜬금없이 끝나는 점은 아쉬운데, 1848년 유럽 전역에 걸친 혁명 지원 활동 및 다른 작품 집필에 시간을 뺏긴 탓에 마르크스가 후속 원고를 쓰지 못했기 때문이다. 그래서 글은 첫머리에서 약속한 세 가지 주제 중 '임금노동이 자본과 어떤 관계를 맺으며 노동자가 어떻게 착취되는지'에 대한 첫 주제만 다루고 있다.

생전 마르크스는 자신이 가장 용서할 수 없는, 그러니까 가장 증오하는 부덕으로 노예근성을 꼽았다. 반면, 가장 너그러이 용서할 만한 부덕으로 순진함, 즉 남에게 쉬이 속아 넘어가는 순박한 마음을 꼽았다. 자신의 눈에 뚜렷이 보이는 경제 구조의 부조리함 속에 수많은 노동자들이 반항 없이 내던져지는 걸 보며 안타까운 마음이 있었던 건 아닐까. 그런 마르크스가 노동자들에게 가르치고자 했던 내용이 무엇인지 살펴보자.

임금노동과 자본

Wage-Labor and Capital

×

1장: 들어가며

우리는 현시대의 계급 간, 국가 간 투쟁의 물질적 배경이 되는 경제 관계를 분석하는 일을 게을리했다는 이유로 다각도로 비판받아왔다. 그동안 우리는 이런 경제 관계들이 정치적 갈등의 표면으로 드러날 때만 어떤 목적을 갖고 이 사안들을 언급했다.

그러나 무엇보다 중요한 일이 있었다. 우리 시대의 역사 흐름 속에서 벌어지고 있는 계급 갈등의 변화 양상을 연구하는 일이었다. 경험을 바탕으로, 실제 매일 새로 생겨나는 역사적 사료를 통해 증명해야 할 사실들이 있었다. 1848년 2월과 3월 혁명의 결과로 노동 계급이 굴복당했다는 사실. 동시에 그 대척점에 있는 계급인 프랑스의 부르주아 공화파, 유럽 대륙 전역에서 봉건 절대주의에 맞서 싸운 부르주아와 농민 계급 역시 패배했다는 사실. 프랑스에서 소위 '중도 공화파'가 승리한 것은 영웅적 독립 투쟁으로 2월 혁명에 응답한 각국 국민들의 패망이기도 하다는 사실. 그리고 혁명적 노동자를 상대로 승리를 거둔 유럽이 이로써 기존의 **영국-러시아** 이중 노예제로 되돌아갔다는 사실 등이다. 파리의 6월 투쟁, 빈의 함락, 1848년 11월 베를린에서 벌어진 희비극, 폴란드와 이탈리아, 헝가리에서의 필사적인 노력, 아일랜드를 굴복시킨 대기근 이 모두가 유럽에서 벌어진 부르주아지와 노동자 계급 사이의 투쟁을 요약해 보여주는 사건들이다.

우리는 이 사건들을 통해 다음과 같은 사실을 입증했다. 그 목표가 계급 투쟁과 상관없어 보인다 하더라도 모든 혁명적 봉기는 혁명적 노동자 계급의 승리가 있기 전까지는 실패를 거듭할 수밖에 없다는 사실, 프롤레타리아의 혁명과 봉건적 반대 혁명이 맞붙어 **전 세계적 전쟁**을 치르지 않고서는 어떤 사회 개혁도 이상으로 남을 수밖에 없다는 사실 등이다. 우리가 설명했듯, 실제로 벨기에와 스위스는 거대한 역사의 화폭 안에 있는 희비극적인 장르화였다. 하나는 부르주아 군주국의 전형이고, 다른 하나는 부르주아 공화국의 전형이었다. 둘 다 유럽 혁명을 남의 일로 취급했듯 계급 갈등도 남의 일인 양 착각에 빠져 있었다.

하지만 이제 1848년 당시의 계급 투쟁이 대대적으로 정치적 의미를 띠게 된 걸 독자들도 경험했다. 따라서 자본가 계급의 존재 기반이자 계급적 지배의 토대가 되는 경제 관계를 더 면밀히 살펴볼 때가 왔다. 나는 다음과 같이 크게 세 주제로 나누어 논의하고자 한다.

첫째, 임금노동과 자본의 관계, 노동자 착취 그리고 자본가의 영향력.

둘째, 현 제도 아래서는 불가피한 중산층 및 이른바 시민층의 몰락.

셋째, 여러 유럽 국가 부르주아 계층에 대한 세계 시장의 폭군, 즉 영국의 상업적인 지배와 착취.

우리는 최대한 간단하고 보편적으로 이 주제를 다루려고 하며, 경제학의 가장 기초적인 개념에 대한 지식도 전제하지 않으려고 한다. 우리는 노동자들이 잘 이해하기를 바란다. 특히 독일 내에서는 가장 단순한 경제적 관계에 대해서도 놀랍도록 무지한 모습과 그 개념에 대한 혼란스러움이 팽배하다. 현재의 시스템을 열렬히 옹호하는 자들부터 **허황된 약속을 남발하는 사회주의 사기꾼들, 남이 알아주지 않지만 본인은 정치적 귀재라는 이들**까지. 분열된 독일에는 이런 자들이 각종 군주라는 자들의 수보다 더 많을 정도다. 우선 첫 번째 문제부터 살펴보도록 하자.

2장: 임금이란 무엇인가?

노동자에게 "임금을 얼마나 받습니까?" 묻는다면 "나는 고용주로부터 하루 1달러를 받습니다" "나는 하루 2달러를 받습니다"라고 대답할 것이다. 이를테면 리넨 한 마를 짜거나 활자판을 한쪽 조판하는 일처럼, 자신이 고용되어 있는 산업 분야에 따라 노동자들은 각종 작업을 수행하는 대가로 각 고용주로부터 받는 각기 다른 금액을 이야기할 것이다. 답변은 다양하겠지만 한 가지에는 모두 동의할 것이다. 바로 임금이란 자본가가 일정한 노동 시간 또는 업무의 대가로 지급하는 돈이라는 것이다.

언뜻 보기에 자본가는 돈으로 노동자의 노동을 **사고**, 노동자는 돈을 받고 자본가에게 노동을 **판다**. 하지만 이건 착각일 뿐이다. 노동자가 돈을 받고 자본가에게 파는 것은 사실 그들의 **노동력**labor-power이다. 자본가는 이 노동력을 하루, 일주일, 한 달 등의 단위로 산다. 자본가는 노동력을 산 뒤, 규정된 시간 동안 노동을 시킴으로써 그 노동력을 사용한다. 자본가는 노동력을 사는 데 지불한 동일 금액, 예를 들면 2달러로 설탕이라든지 다른 무언가를 살 수도 있었다. 여기서 2달러는 설탕 20파운드를 사는 데 쓴 설탕의 가격이다. 노동력 12시간을 사용하는 대가로 쓴 2달러는 12시간 노동의 가격이다. 노동력이란 결국 설탕과 마찬가지인 상품이다. 전자는 시간으로, 후자는 저울로 측정된다.

노동자는 자신의 상품인 노동력을 자본가의 상품인 돈

과 교환한다. 교환은 정해진 비율에 따라 이루어진다. 노동력을 얼마나 이용하는지에 따라 일정한 돈이 교환된다. 12시간 베를 짜면 2달러다. 그럼 이 2달러는 내가 2달러로 살 수 있는 다른 여러 상품을 의미하지 않겠는가?

따져 보자. 노동자는 자신의 상품인 노동력을 여러 종류의 상품과 교환해왔고, 특히 정해진 비율로 해왔다. 자본가는 노동자에게 2달러를 줌으로써 하루치 노동만큼의 고기와 옷, 땔감, 등불 등을 준 셈이다. 따라서 2달러는 노동력이 다른 상품으로 교환되는 비율, 즉 노동력의 **교환가치**exchange value를 표현한다. 어떤 상품의 교환가치가 **돈**으로 추산된 것을 우리는 **가격**price이라고 부른다. **임금**wages이란 결국 보통 일한 값이라고 부르는, 그저 노동력의 가격을 뜻하는 또 다른 말일 뿐이다. 즉, 인간의 피와 살에서 비롯되는 이 특별한 상품의 가격을 이르는 별칭인 셈이다.

직조공 같은 노동자를 예로 들어 보자. 자본가는 그에게 베틀과 실을 제공한다. 직조공은 일에 투입되고, 실은 옷감이 된다. 자본가는 옷감의 소유권을 갖고 20달러에 이를 판다. 자, 그러면 직조공의 임금은 자신의 노동의 산물인 옷감이나 20달러의 일부분일까? 절대 그렇지 않다. 옷감이 팔리기 훨씬 전, 옷감이 베틀에서 완성되기도 훨씬 전에 직조공은 임금을 수령했다. 즉, 자본가는 옷감을 팔아 번 돈에서 직조공의 임금을 지불하는 게 아니라 이미 갖고 있던 돈에서 지불하는 것이다.

자본가가 제공한 베틀이나 실이 직조공 자신이 만들어

낸 물건이 아니듯, 직조공이 자신의 상품인 노동력과 교환해서 받은 것들도 그가 만든 물건이 아니다. 고용주는 옷감 살 사람을 찾지 못할 수도 있다. 팔더라도 들인 임금만큼 값을 받지 못할 수도 있다. 아니면 임금 대비 큰 이윤을 보고 팔 수도 있다. 다만 이 모든 게 직조공과 상관없는 일이다. 자본가는 기존의 부, 자기 자본의 일부를 사용해 직조공의 노동력을 산다. 이미 갖고 있던 부의 일부분으로 실과 같은 원자재, 베틀과 같은 작업도구instrument of work를 산 것과 정확히 같은 방식이다. 자본가는 옷감 제작에 필요한 노동력을 포함해 여러 도구들을 구입한 뒤, **이제 자신이 소유하게 된 원자재와 작업도구만으로 생산에 임한다.** 우리의 직조공 역시 작업도구 중 하나다. 옷감이라는 생산품 자체나 상품의 가격에서 베틀이 가져갈 몫이 없듯 직조공의 지분 또한 존재하지 않는다. 직조공도 베틀과 같은 위치에 있기 때문이다.

결과적으로 임금이란 노동자가 만들어낸 상품의 지분이 아니다. 임금은 자본가가 일정량의 노동력을 사기 위해 기존에 보유한 상품의 일부분으로 봐야 한다. 노동력이란 그 소유자인 임금노동자가 자본가에게 파는 하나의 상품이다. 노동력을 파는 이유는? 먹고살기 위해서다.

하지만 노동력의 투입, 즉 노동이란 노동자 자신의 생명을 행동으로 표현하는 것이다. 노동자는 이 생명 활동을 남에게 팔아 생명에 필요한 것들을 확보한다. 노동자의 생명 활동은 결국 존속하기 위한 방편이다. 살기 위해 일하는 것이다. 노동자는 노동을 자기 삶의 일부로 보지 않고, 오히려 자기 삶을 희생한다고 본다. 그에게 노동이란 남에게 팔아버린 상품이다. 그리고 노동자가 행동한 결과물은 그의 행동 목적과도 일치하지 않는다. 노동자가 짠 실크나, 탄광에서 파낸 금, 지어 올린 대저택은 자기 자신을 위해 생산한 게 아니다. 노동자가 자기 자신을 위해 생산하는 건 **임금**이다. 비단과 금, 대저택은 면 재킷이나 동전 몇 닢, 반지하 집 등 노동자가 필요로 하는 생활유지 수단 몇몇으로 형체를 바꿀 것이다. 과연 12시간 동안 짜고, 뽑고, 뚫고, 돌리고, 짓고, 파고, 돌을 깨고, 통을 나르며 일한 노동자에게 이 12시간의 짜기, 뽑기, 뚫기, 돌리기, 짓기, 파기, 돌 깨기가 그의 삶을 잘 보여주는, 말하자면 삶의 일부로 느껴질까? 그럴 리 없다. 노동자에게 삶이란 이런 노동이 멈춘 후 식탁이나 술집, 침대에서 비로소 시작된다. 노동자에게 자신의 12시간 노동은 짜기, 뽑기, 뚫기 그 자체로서는 아무 의미를 갖지 않는다. 오로지 식탁에 앉게 해주는, 술집에 앉게 해주는, 침대에 눕게 해주는 돈벌이로서만 의미가 있다.

누에가 실을 뽑는 목적이 애벌레로 살아남기 위해서였다면, 아주 전형적인 임금노동자의 사례였을 것이다. 노동력이 늘 **상품**(물품)이었던 건 아니다. 노동도 늘 임금노동, 그러니까 **자유로운 노동**free labor이었던 건 아니다. **노예**는 노예주에게 자신의 노동력을 팔지 않았다. 소가 자신의 노동 능력을 농부에게 팔지 않은 것과 마찬가지다. 노예는 자신의 노동력과 함께 고스란히 노예주에게 넘겨졌다. 한 주인의 손에서 다른 주인의 손으로 넘겨지는 상품이었던 셈이다. 노예는 **그 자신**이 상품이었고, 그의 노동력이라는 상품은 **그의 소유**가 아니었다. **농노**는 자기 노동력의 일부를 판다. 지주에게서 임금을 받는 게 아니라, 지주가 농노에게서 세를 걷는다. 농노는 토지에 속한 몸으로서 지주에게 수확물을 바친다.

반면 **자유로운 노동자**[24]는 자기 자신을 조금씩 떼어서 판다. 노동자는 자기 삶의 8시간, 10시간, 12시간, 15시간을 경매에 부친다. 자신의 시간에 가장 높은 가격을 부르는 사람, 원자재나 작업도구, 생활유지 수단을 소유한 사람 그러니까 자본가에게 시간을 판다. 노동자 자신은 어떤 주인이나 토지에 속하지 않지만, 그의 하루 중 8시간, 10시간, 12시간, 15시간은 그걸 사는 사람의 것이다. 노동자는 언제든 자본가를 떠날 수 있고, 자본가도 쓸모가 없고 기대에 못 미친다는 판단이 들면 언제든 노동자를 내보낸다. 이때 노동력 판매가 유일한 소득원인 노동자는 **구매자 계급 전체, 즉 자본가 계급 전체**에 등을 돌릴 수 없다. 생존을 포기하지 않는 한 말이다. 노동자는 특정 자본가에 속하지 않지만 **자본가 계급 전체**에 매여 있는 셈이다. 노동자는 다시 상대를 찾아야 한다. 즉, 자본가 계급 안에서 자기 노동력의 구매자를 찾아야 한다.

24 임금노동자.

자본과 임금노동의 관계를 더 자세히 다루기 전에 임금을 결정하는 데 고려되는 일반적인 조건들을 간단히 이야기해 보겠다. 지금까지 살펴본 것처럼 **임금**이란 노동력이라는 특정 상품의 **가격**이다. 따라서 임금은 다른 여느 상품의 가격을 결정하는 동일한 법칙 아래 결정된다. 그럼 여기서 질문이 생긴다. **상품의 가격은 무엇으로 결정되는가**?

3장: 상품의 가격은 무엇으로 결정되는가?

상품의 가격은 구매자와 판매자 사이의 경쟁에 의해 공급과 수요의 관계, 그리고 제안에 대한 응찰 관계에 의해 결정된다. 상품의 가격을 결정하는 경쟁은 셋으로 나뉜다.

하나의 상품은 여러 판매자를 통해 공급된다. 동일한 품질의 상품을 가장 싸게 파는 판매자는 나머지 판매자들을 경쟁에서 몰아내고 시장을 독차지하게 된다. 따라서 판매자들은 자기들끼리 매출, 즉 시장을 두고 경쟁한다. 모두 물건을 팔려고 하고, 가능하면 최대한 많이 팔려고 하며, 가능하면 경쟁자 없이 혼자서만 판매할 수 있기를 바란다. 그래서 서로 남보다 싸게 팔려고 노력한다. 자연히 **판매자끼리 경쟁**이 벌어지는데, 그 결과 판매하는 상품의 가격은 **떨어질 수밖에 없다.**

하지만 **구매자 사이에도 경쟁**이 벌어진다. 이때는 공급되는 상품의 가격이 **오르는** 결과를 낳는다.

마지막으로, **구매자와 판매자 사이에도 경쟁**이 벌어진다. 한쪽에서는 되도록 싸게 사려고 하고, 다른 쪽에서는 되도록 비싸게 팔려고 한다. 구매자와 판매자 사이의 경쟁은 앞서 설명한 양측의 내부 경쟁 결과에 달려 있다. 즉, 구매자 집단과 판매자 집단 중 어느 쪽의 내부 경쟁이 더 극심한가에 달렸다. 산업의 구조는 두 거대 집단을 벌판에서 싸움 붙이며, 각 집단은 다시 내부 구성원끼리 계급별로 전투를 벌인다. 내부 구성원 간의 싸움이 덜한 측이 상대 집단을 이기고 승리를 가져간다.

시장에 면화 100더미가 나왔고, 구매자의 수요는 1,000더미라고 가정하자. 수요가 공급의 10배나 된다. 그러면 구매자 사이의 경쟁이 치열해진다. 구매자들은 100더미 중 1더미라도 손에 넣으려 들고, 가능하면 100더미를 모두 손에 넣고 싶어할 것이다. 지어낸 얘기가 아니다. 상거래의 역사를 보면 극심한 면화 부족에 시달린 적이 종종 있었는데, 실제로 자본가들은 서로 연합해서 면화 100더미에 그치지 않고 전 세계 공급량을 전부 사들이려고 했다. 이 경우 어느 구매자가 면화 가격을 조금 더 높게 쳐줌으로써 다른 모두를 경쟁의 장에서 물리치려고 시도할 것이다. 그러면 면화 판매자들은 적군 집단이 내부적으로 격렬히 싸우는 것을 보고 자신들의 면화 100더미가 전량 팔릴 것을 확신한다. 그리고 적군이 면화 가격을 앞다투어 올리는 중요한 순간에 자기 집단에서 내분이 일어나 자칫 가격을 떨어뜨리는 일이 없도록 주의할 것이다. 따라서 판매자 진영에는 갑자기 평화가 찾아온다. 판매자들은 하나로 단결하고 도도한 자존감으로 무장한 채, 가장 집요한 구매자라도 더는 못 내겠다는 한도에 이를 때까지 한껏 치솟은 요구 사항을 주장할 것이다.

즉, 어떤 상품의 공급이 수요보다 적을 때 판매자들 사이의 경쟁은 아주 미약하거나 아예 존재하지 않는다. 그리고 판매자들 사이의 경쟁이 줄어드는 만큼 구매자 사이의 경쟁은 늘어난다. 결과는, 대체로 상품의 가격이 크게 뛴다. 그러나 잘 알려져 있다시피, 반대의 경우와 반대의 결과가 더 자주 발생한다. 수요 대비 과잉 공급, 판매자 간의 필사적인 경쟁, 구매자의 부재 그리고 불가피하게 벌어지는 헐값 처분 말이다.

그러면 가격의 상승과 하락은 무엇을 뜻하는가? 높은 가격과 낮은 가격이란 무엇인가? 모래알도 현미경으로 보면 커 보이고, 성채도 산과 비교하면 낮아 보이기 마련이다. 가격이 수요와 공급의 관계로 결정된다면, 수요와 공급의 관계는 무엇으로 결정되는가?

길을 가는 부르주아 누구든 붙잡고 물어보자. 그는 마치 자신이 알렉산더 대왕의 환생인 것처럼 어렵게 꼬인 매듭을 단순 명제로 단숨에 풀어버릴 것이다. 이런 식으로 말이다. "제가 판매하는 상품을 만드는 데 100달러가 들었고, 판매해서 110달러를 벌게 된다면, 꽤 정직하고 견실하고 적절한 이득이겠죠. 물론 한 해 기준으로 말입니다. 만약에 이 거래에서 제가 120달러나 130달러를 벌게 된다면 더 큰 이득일 겁니다. 200달러를 벌게 된다면 아주 놀랍고 엄청난 이득일 거고요."

그럼 이 사람에게 이윤의 기준은 무엇인가? 자신이 파는 상품의 **생산비용**이다. 자기 상품(A)을 팔아 얻은 돈으로 다른 상품(B)을 샀는데, B의 생산비용이 A의 생산비용보다 더 낮으면 손해를 본 거고, 더 높으면 이득을 본 셈이다. 그는 자기 이익을 계산할 때, 자신이 파는 상품의 교환가치가 이익의 출발점인 **생산비용**보다 얼마나 높은지 낮은지를 먼저 따지는 것이다.

지금까지 수요와 공급 사이의 변화 관계로 인해 어떻게 가격이 오르내리고, 높거나 낮은 가격대가 형성되는지 살펴봤다. 공급 부족이나 수요의 과다 증가로 인해 어느 상품의 가격이 크게 뛸 경우, 그만큼 다른 상품의 가격은 떨어진다. 상품 가격이란 다른 상품과의 교환 비율을 돈(화폐)으로 표현한 것이기 때문이다. 예컨대 실크 한 마가 2~3달러로 가격이 오른다면 그에 대비한 은화의 가격은 떨어진다. 가격이 변치 않고 유지된 다른 모든 상품은 마찬가지로 실크에 비해 가격이 떨어진 게 된다. 같은 양의 실크를 구하려면 다른 상품이 더 많이 주어져야 한다.

그럼 특정 상품의 가격이 오를 때 그 결과는 어떻게 될까? 인기가 쏠리는 분야에 막대한 자본이 투입될 거고, 특정 선호 분야로 자본이 유입되는 현상은 해당 분야의 수익이 평균 수준으로 수렴할 때까지, 혹은 상품 가격이 과잉생산으로 인해 생산비용 밑으로 떨어질 때까지 계속될 것이다.

반대로 상품 가격이 생산비용 밑으로 떨어진 경우, 자본은 상품 생산에서 철수할 것이다. 아예 사양화한 사업이라 사라질 운명을 맞는 경우를 제외하면, 이러한 자본의 이탈로 인해 상품의 생산(공급)은 수요와 일치할 때까지 줄어들게 된다. 그리고 상품 가격은 생산비용 수준까지 오른다. **상품의 시가는 언제나 생산비용 근처에서 형성되기 때문이다.**

이처럼 자본이 한 분야에서 다른 분야로 꾸준히 이탈하고 유입된다는 걸 확인했다. 높은 가격은 과다한 유입을, 낮은 가격은 과다한 이탈을 낳는다.

여기서 때로는 공급이 아닌 수요가 생산비용을 결정하기도 한다는 측면을 논할 수도 있다. 하지만 지금의 주제에서 너무 멀어지는 이야기이므로 넘어가기로 하자.

지금까지 우리는 수요와 공급의 움직임에 따라 상품 가격이 반드시 생산비용으로 수렴함을 살펴봤다. **상품의 실제 가격은 늘 생산비용 근처에 머무르며, 그 오르내림은 서로 상쇄된다. 그러므로** 정해진 기간 동안 한 분야의 유출입을 합산할 경우, 상품이 그 생산비용에 따라 거래되는 것이다. 상품의 가격이 생산비용에 의해 결정된다는 것이다.

가격이 생산비용에 의해 결정된다는 걸 부르주아 경제학자들처럼 이해하면 안 된다. 그들은 상품의 **평균 가격**이 생산비용과 일치한다고 말한다. 그게 **법칙**이라고 말한다. 가격이 이리저리 움직일 때 – 그러니까 한쪽에서 오르면 다른 쪽에서 떨어질 때 – 그들은 이걸 우연으로 취급한다.

그런 식이면 가격의 오르내림 자체를 법칙으로 삼고, 생산비용에 따른 가격 결정을 우연으로 치는 게 낫겠다. 실제 그렇게 말하는 경제학자들도 있으니 말이다.

하지만 이런 변동 양상이야말로 보면 볼수록 엄청난 파급력을 지니고 있으며, 지진처럼 강력하게 부르주아 사회의 밑바닥을 흔들곤 한다. 바로 이런 변동 양상이 가격을 생산비용으로 수렴하게 만들기 때문이다. 정신 없는 변동의 우주 안에서 질서가 생기고, 이런 산업의 혼돈 과정과 반복적인 움직임 속에서 가격 경쟁이 극단끼리 상쇄된다.

결과적으로 말해, 상품의 가격은 실제로 생산비용에 따라 결정되고, 가격이 생산비용을 상회하는 기간만큼 하회하는 기간이 발생함으로써 균형이 맞춰짐을 알 수 있다. 물론 물건 하나하나마다 해당하는 건 아니고, 산업 분야별로 적용된다. 마찬가지로 생산자 한 사람 한 사람에 해당한다기보다 생산자 전체 단위에 적용된다고 봐야 한다.

생산비용에 따른 가격 결정은, 상품 생산에 들어가는 노동 시간에 따라 가격을 결정한다는 것과 같은 말이다. 생산비용은 두 가지, 즉 원자재 및 생산도구의 마모분 그리고 직접 노동으로 구성되는데 전자처럼 생산으로 만들어진 공산품은 들어간 노동일로 표현되며, 후자 역시 노동의 지속기간으로 측정되기 때문이다.

4장: 무엇이 임금을 결정하는가?

상품 전반의 가격을 결정하는 일반 법칙은 마찬가지로 **임금**, 즉 노동력의 **가격**을 결정한다. 임금은 수요와 공급의 법칙에 따라 오르내리는데, 이는 노동력을 구매하는 자본가들과 노동력을 판매하는 노동자 간의 경쟁 양상에 따라 달라진다. 임금의 오르내림은 크게 보아 상품 가격의 움직임을 따른다. **하지만 이런 오르내림의 폭 안에서, 노동력의 가격은 노동력의 생산비용에 의해 결정된다. 여기서 생산비용이란 상품을 만들어내는 데 필요한 노동 시간, 바로 노동력**labor-power**이다.**

그렇다면 노동력의 생산비용이란 얼마인가? 노동자가 노동자로서 존속하는 데 들어가는 비용과 그를 노동자로 길러내는 데 필요한 비용이다.

특정 작업을 수행하도록 훈련시키는 시간이 짧을수록 노동자의 생산비용이 줄어들고, 노동력의 가격인 임금 또한 낮아진다. 숙련 기간이 거의 필요하지 않고 육체노동만으로도 충분한 업무 분야에서는 노동자를 생산하는 비용이 오로지 그가 일할 수 있는 상태로 살아있는 데 필요한 것들로 한정된다. 결과적으로 **그의 노동의 가격**은 그를 **생존시키는 데 필요한 것들의 가격**으로 결정된다.

여기서 한 가지 고려할 점이 있다. 공장주는 생산비용과 이에 따른 생산물의 가격을 계산할 때 노동에 이용되는 도구의 소모분을 고려한다. 어떤 기계를 사는 데 1,000달러를 썼고, 이 기계가 10년 동안 사용 가능하다면 공장주는 10년 후에 이 기계를 새것으로 바꾸기 위해 해마다 상품 가격에 100달러를 포함시킬 것이다. 마찬가지로 단순 노동력의 생산비용 또한 공급비용을 포함해야 한다. 노동자 계급 전체가 번식하고, 사용 연한이 끝난 노동자를 새 노동자로 교체하는 공급에 대한 비용이다. 노동자의 소모분은 결국 기계의 소모분을 계산하는 방식과 동일하게 계산된다.

따라서 노동력 자체의 **생산비용은 노동자의 존속 비용 및 공급비용**에 해당한다. 이 존속 및 공급비용에 매겨지는 가격이 임금을 구성한다. 이렇게 결정되는 임금을 최**저 임금**이라고 한다. 그리고 이 최저 임금은 상품 가격이 생산비용에 따라 결정될 때와 마찬가지로, 각 **개인**에게까지 적용된다기보다 전체 **계급** 수준에서 유효하다. 개개인 수준에서 보면 수백만 노동자가 각자 생존하고 번식할 만큼의 임금을 받지 못하는 게 사실이다. 하지만 노동 계층 전체의 임금은 등락 폭의 제한 안에서 이 최저 임금 수준으로 유지된다.

임금을 비롯한 모든 상품의 가격이 결정되는 일반 법칙에 대해 합의를 봤으니, 이제 우리 주제를 좀 더 자세히 다룰 수 있을 것 같다.

5장: 자본의 속성과 증식

경제학자들은 다음과 같이 말한다. 자본은 원자재와 작업도구, 각종 생활유지 수단으로 이루어지는데, 이는 다시 새로운 원자재와 작업도구, 그리고 **생활유지** 수단을 생산하는 데 투입된다. 이 모든 자본의 구성요소를 만들어내는 건 노동과 노동의 생산물 그리고 **축적된 노동**이다. 축적된 노동이 새로운 생산을 위한 도구로 쓰일 때 이를 자본이라고 부른다. 이상의 설명은, 니그로 노예는 흑인인 인간이다, 라고 말하는 것과 다를 바가 없다.

니그로는 니그로일 뿐이지만, 그가 노예가 되는 건 특정 조건이 성립할 때뿐이다. 면 방적기는 면을 방적하는 기계다. 이 기계가 **자본**이 되는 건 특정 조건이 성립할 때뿐이다. 해당 조건에서 해방되는 순간 더 이상 자본이 아니게 된다. 금이 그 자체로는 돈이 될 수 없고, 설탕이 그 자체의 가격이 아닌 것과 마찬가지다.

생산 과정에서 인간은 자연환경만 활용하는 게 아니라 서로를 활용하기도 한다. 인간이 무언가를 생산하려면 서로 정해진 방식에 따라 각자의 행동을 교환해야 한다. 생산을 하기 위해 인간은 서로에 대해 특정 계약 관계를 맺는다. 그리고 오직 이 사회적 관계 속에서만 자연에 대한 인간의 영향력이 행사된다. 즉, 생산이 시작된다.

생산하는 인간들 사이에 맺어진 이러한 사회적 관계와 인간이 각자의 행동을 교환하고 생산 전반의 활동을 공유하는 조건은 당연히 생산방식의 성격에 따라 다를 수밖에 없다. 총이라는 새로운 전쟁 무기가 발명됐을 때, 군대의 조직 구조는 바뀌어야 했다. 군대 구성원 간의 관계와 한 부대로서 활동하는 방식도 개혁됐고, 군부대 간의 관계도 변화했다.

따라서 **생산활동이 이루어지는 사회적 관계, 즉 생산의 사회적 관계 또한 조정되고 변화한다. 생산의 물질적 방식과 생산력**force of production**의 변화에 따라 말이다.** 생산 관계가 합쳐져서 만들어지는 게 **사회적 관계**이자 **사회**다. 더 나아가 (해당 단계만의 특성을 갖는) **역사적 발달 속에서 특정 단계에 속하는 사회**가 만들어진다. **고대** 사회나 **봉건** 사회, **부르주아**(자본주의) 사회도 이런 생산 관계가 합쳐진 것으로서, 인류 역사적 발달 과정의 특정 시점을 표현한다.

자본 역시 생산의 사회적 관계 중 하나다. 자본은 **생산의 부르주아식 관계**, 즉 부르주아적 사회의 생산 관계인 셈이다. 생활유지 수단이나 노동 도구, 원자재 같이 자본을 구성하는 요소들은 정해진 사회적 조건 아래서 특정 관계에 따라 만들어지고 축적되지 않는가. 그리고 이런 요소들은 다시 특정 조건 아래서 일정한 사회적 관계에 따라 재생산에 투입되지 않는가. 이렇게 정해진 사회적 특징에 따라 재생산에 투입되는 생산물을 **자본**이라고 규정하지 않는가.

자본을 구성하는 요소는 생활유지 수단이나 노동 도구, 원자재 등 물질적인 상품만이 아니다. 교환가치도 못지않은 비중을 차지한다. 자본을 이루는 모든 것들은 **상품**이다.

따라서 자본은 물질적인 생산물의 총합일뿐만 아니라 상품의 합이자 교환가치의 합이며 사회적 의미의 합이기도 하다. 자본은 변하지 않는다. 자본은 울 대신 면, 밀 대신 쌀, 철로 대신 증기선을 대입해도 바뀌지 않는다. 자본의 육체적 형태인 울이나 밀, 철로가 그 가격과 교환가치가 동일한 면이나 쌀, 증기선으로 변한다 해도 말이다. 자본의 형태는 계속 변할지언정, 자본 그 자체는 어떤 변화도 겪지 않는다.

하지만 모든 자본이 상품의 합, 다시 말해 교환가치의 합이긴 하더라도 상품이나 상품의 교환가치를 합쳐 놓은 게 다 자본은 아니다. 모든 교환가치의 합은 또 다른 교환가치다. 하나의 교환가치는 여러 교환가치의 합이기도 하다. 예를 들어보자. 1,000달러 가치의 집은 1,000달러의 교환가치와 동일하다. 1센트 가치의 종잇장은 100분의 1센트를 100개 합친 교환가치와 같다. 다른 것과 교환 가능한 생산물은 **상품**이다. 상품이 교환될 수 있는 특정 비율은 그 상품의 교환가치를 나타내며, 이를 돈으로 표현하면 가격이 된다. 이때 생산물의 양은 그 상품의 성질, 즉 **교환가치**이자 일정 **가격**이 매겨지는 데 아무 영향을 주지 않는다. 나무가 크든 작든 결국 나무인 것처럼 말이다. 철을 다른 생산물과 교환할 때 단위가 무엇인지에 따라 철의 성질이 바뀔까? 아니다. 철이 상품이며 교환가치라는 성질은 그대로다. 양이 변하면 이에 따라 상품 가치의 크기, 가격의 높낮이만 달라진다.

그럼 상품의 합이나 교환가치의 합이 어떻게 자본이 되는가? 자본은 독립된 사회적 힘이자 사회의 한 영역을 구성하는 힘이다. 가진 거라곤 노동 능력밖에 없는 계층의 존재는 자본의 필수 전제 조건이다. **과거에 행해져서 축적되고 물질화된 노동이 지금 살아있는 노동을 지배함으로써 축적된 노동[25]이 자본의 성격을 띠게 된다.** 자본의 실체는 축적된 노동으로 하여금 살아있는 노동에 보탬이 되도록, 말하자면 새로운 생산을 돕는 도구 역할을 하는 데 있지 않다. 실제로는 살아있는 노동으로 하여금 축적된 노동을 도와 축적된 노동의 교환가치를 보존하고 증식시키는 도구 역할을 하는 데 있다.

6장: 임금노동과 자본과의 관계

자본가와 임금노동자 사이에서 교환이 이루어질 때 정확히 무슨 일이 일어나는가?

노동자는 자신의 노동력의 대가로 생활유지 수단을 얻는다. 자본가는 자신이 보유한 생활유지 수단을 내주는 대

25 과거에 축적된 노동이란, 이를테면 노동자의 노동이 녹아들어가 만들어진 상품이나 원자재, 작업도구를 뜻한다. 살아있는 노동은 그러한 자본에 더해 가치를 창출하기 위해 투입되는 노동을 뜻한다. '죽은 노동'과 '산 노동(또는 직접 노동)'으로 대비되기도 한다.

가로 노동을 얻는데, 이때 노동이란 노동자의 생산활동이면서 노동자가 자신이 무언가를 소비한 만큼 재창출하는 힘이다. 뿐만 아니라 **축적된 노동에 이전보다 더 큰 가치를 부여하는** 창조적인 힘이라고 볼 수 있다. 노동자는 자본가로부터 이미 존재하는 생활유지 수단의 일부를 얻는다. 이 **생활유지 수단**의 쓰임새란? 노동자의 즉각적인 소비다. 하지만 이런 생활유지 수단은 내가 소비하는 순간 사라져버린다. 생활유지 수단이 소비되기 전, 즉 생활유지 수단이 내 목숨을 부지해주는 동안 또 다른 생활유지 수단을 만들어내거나 소비한 만큼의 가치를 다시 채울 새로운 가치를 노동으로 만들어내지 않는 한 말이다. 노동자는 이런 귀중한 재생산 능력을 생활유지 수단을 받는 대가로 자본가에게 넘겨준다. 결과적으로 노동자는 자신의 재생산 능력을 잃는 셈이다.

예를 하나 들어보자. 어떤 노동자가 농장에서 하루 종일 일하는 대가로 1달러를 받고, 농장주는 이를 통해 2달러의 수입을 올린다. 농장주는 그 일용노동자에게 지불한 값에 대한 교환가치를 받은 데다가 심지어 2배로 늘린 셈이다. 그러니 농장주는 일용노동자에게 지불한 1달러를 효과적이고 생산적으로 쓴 게 된다. 농장주는 1달러를 주고 노동자의 노동력을 샀지만, 그 노동력이 땅으로부터 생산한 가치는 두 배이므로 결국 1달러로 2달러를 만들어낸 셈이다. 하지만 일용노동자는 이미 농장주에게 결과물을 넘겼고, 자신의 생산 능력을 제공하는 대가로 받은 1달러를 **생활유**

지 수단과 교환한다. 그리고 얼마 안 가 그 생활유지 수단을 소비해버린다.

따라서 1달러는 이중적으로 사용됐다. 노동력과 교환해 2달러를 만들어냈기 때문에 자본가 입장에서는 **재생산적**으로 쓰였다. 써버리면 사라질 생활유지 수단과 교환했기 때문에 노동자 입장에서는 **비생산적**으로 쓰였다. 노동자가 다시 그만큼의 가치를 얻으려면 농장주와 동일한 교환 거래를 반복할 수밖에 없다. **따라서 자본은 임금노동을 전제로 하며, 임금노동은 자본을 전제로 한다. 둘은 서로 영향을 주고받으며, 하나가 존재해야 다른 하나도 존재 가능하다.**

면 방직 공장의 노동자가 면 제품만 생산하는가? 그렇지 않다. 그는 자본도 생산한다. 그리고 그가 만들어내는 가치는 다시 자신의 노동을 통제하고, 새로운 가치를 창출하는 역할을 한다.

자본의 증식은 자본이 노동력과 교환되는 방식, 즉, 임금노동을 통해서만 가능하다. 임금노동자의 노동력이 자본으로 바뀌려면 자본을 늘려주는 방식으로만 가능하다. 노동자 자신을 노예로 부리는 바로 그 권력을 강화시키는 것이다. **따라서 자본의 증가는 프롤레타리아, 즉 노동 계급의 증가를 의미한다.**

이런 이유로 부르주아와 부르주아 경제학자들은 자본가와 노동자의 이해관계가 일치한다고 주장한다. 따지고 보면 실제 그렇다! 노동자는 자본이 일거리를 주지 않으면 살아남을 수 없다. 자본은 노동력을 쥐어짜야만 살아남을 수 있는데, 그러려면 먼저 노동력을 구매해야 한다. 생산 목적의 자본, 즉 생산자본이 빨리 늘어날수록 산업은 번창하고, 부르주아는 돈을 벌며, 사업은 더 잘 돌아간다. 자본가가 필요로 하는 노동자의 수는 늘고, 그만큼 노동자는 더 비싸게 팔릴 수 있다. **생산자본이 최대한 빠르게 증가하는 것이 노동자가 살 만해지는 데 꼭 필요한 조건인 셈이다.**

그럼 생산자본의 증가는 무엇을 뜻하는가? 축적된 노동의 힘이 현재의 노동보다 더 커지는 걸 뜻한다. 부르주아가 노동 계급을 지배하는 힘이 더 커지는 것을 뜻한다. 먼저 임금노동은 자기 자신 위에 군림할 별개의 부, 그러니까 자신의 적대 세력인 자본을 생산해낸다. 그러면 노동을 고용하는 데 지불된 수단, 즉 생활유지 수단이 주어진다. 다만 조건이 있는데, 그 생활유지 수단이 다시 자본의 일부가 되어 자본이 더 빠르게 확장할 수 있는 기폭제가 되어야 한다는 것이다.

자본의 이해관계와 노동자의 이해관계가 똑같다는 말은 자본과 임금노동이 동일한 관계의 앞뒤 면이라는 뜻일 뿐이다. 빚쟁이와 채무자가 서로 얽혀 있듯, 하나가 다른 하나를 속박하는 것이다. 임금노동자가 임금노동자로 존재하는 한, 그의 운명은 자본에 달려 있다. 그토록 자랑스럽게 떠들어 댄 노동자와 자본가 사이의 이해관계 일치란 바로 이런 것이다. 자본이 증가하면 임금노동의 양도 늘고, 임금노동자의 수도 늘어난다. 한마디로, 자본의 영향력이 더 많은 개인에게 미치게 된다.

가장 이상적인 경우를 가정해보자. 생산자본이 성장하고, 노동에 대한 수요가 늘어난다. 결국 노동력의 가격인 임금이 오르는 경우다. 집은 클 수도 작을 수도 있지만 이웃집들이 비슷하게 크기가 작은 경우, 그 집은 주거지로서의 사회적 요구를 충족시킨다. 하지만 이 작은 집 바로 옆에 궁궐 같은 집이 들어선다면, 그 작은 집은 헛간처럼 쪼그라들 것이다. 이 작은 집에 사는 이들이 가진 사회적 지위란 건 보잘것없거나 아예 없다는 걸 명백히 드러내면서 말이다. 문명 발전으로 하늘을 찌를 듯 더 높은 집을 짓는다 해도 주변에 거의 같은 집이 있거나 더 높이 지어지는 한, 상대적으로 작은 그 집의 소유자는 언제나 불안하고 불만족스럽고 집이 좁다고 느낄 것이다.

체감할 정도로 임금이 증가하려면 생산자본의 아주 급격한 성장이 전제되어야 한다. 생산자본의 급격한 성장은 그만큼 부와 사치, 사회적 욕구 및 쾌락의 성장이 빨라진다는 사실을 수반한다. 즉, 노동자의 쾌락도 늘긴 하지만 그들이 얻는 사회적 만족감은 더 큰 쾌락을 얻는 자본가들과 비교해 오히려 줄어든 게 된다. 사회의 전반적인 성장과 대비되게도 자본가가 가져가는 쾌락은 노동자에게 허락되지 않는다. 우리의 욕구와 쾌락의 출발점은 우리가 사는 사회다. 우리는 사회를 기준으로 욕구와 쾌락을 인식한다. 인식 기준은 욕구와 쾌락을 주는 대상과 정작 아무 관련이 없다. 욕구와 쾌락은 사회적인 성격을 띠기 때문에 상대적인 본성을 가진다.

하지만 임금은 단순히 그 돈으로 교환 가능한 상품의 합으로만 결정되는 게 아니다. 다른 여러 요인이 고려되어야 한다. 노동자가 자신의 노동력과 교환해서 받는 직접적 대가는 일정한 양의 돈이다. 그럼 임금이란 이 화폐 금액으로 결정되는 것일까?

16세기에 미국에서 더 많이 더 쉽게 채굴 가능한 광산들이 발견됐다. 그 결과 유럽에서 금과 은의 유통량이 늘어났다. 따라서 금과 은의 가치는 다른 상품 대비 하락했다. 노동자들은 노동력의 대가로 예전과 같은 양의 은화를 받았다. 그들의 노동에 매겨진 화폐 금액은 그대로였지만, 임금은 줄어든 셈이었다. 은의 양은 동일하지만 그것으로 얻을 수 있는 상품의 양이 줄었기 때문이다. 18세기 들어 자본의 성장과 부르주아지의 부상을 촉진한 배경 중 하나가 바로 이런 상황이다.

다른 경우를 들어보자. 1847년 겨울에는 흉작 때문에 곡류, 육류, 버터, 치즈 등 없어서는 안 될 생활유지 수단의 가격이 크게 뛰었다. 노동자들이 노동력의 대가로 예전과 같은 양의 돈을 받는다고 해보자. 임금은 떨어지지 않았는가? 분명 떨어지지 않았다. 같은 돈으로 더 적은 양의 빵과 고기를 얻게 됐을 뿐이다. 임금이 떨어진 이유는 은화의 가치가 줄었기 때문이 아니라 생활유지 수단에 매겨진 가치가 올랐기 때문이다.

마지막으로 이런 경우를 가정해보자. 노동력의 화폐 가격은 그대로인데, 다른 모든 농산물과 공산품의 가격이 새로운 기계의 도입이나 온화한 날씨 덕분에 떨어졌다고 해 보자. 노동자들은 이제 같은 돈으로 더 많은 상품을 살 수 있다. 돈의 가치는 변하지 않은 상태이므로 임금이 올랐다고 볼 수 있다.

그래서 노동력의 화폐 가격인 명목임금은 실제 또는 실질임금, 즉 임금과 교환해서 실제로 얻을 수 있는 상품의 양과 일치하지 않는다. 따라서 우리는 임금의 오르내림을 말할 때 노동력의 화폐 금액만이 아니라 실질임금도 함께 고려해야만 한다. 하지만 노동자가 자본가에게 자신을 파는 대가로 받는 금액인 명목임금이나, 받은 돈으로 노동자가 살 수 있는 상품의 합인 실질임금으로는 임금이라는 용어 속에 담긴 관계를 충분히 설명하지 못한다.

임금은 무엇보다 자본가의 이득, 이윤과의 관계에 따라 결정된다. 다시 말해 임금이란 특정 비율에 따라 주어지는 상대적인 양이다. **실질임금**real wage은 노동력의 가격을 상품 가격과의 관계로 표현한다. 반면 **상대임금**relative wage은 새로 창출되는 가치에서 살아있는 노동이 차지하는 몫을 나타낸다. 축적된 노동, 즉 자본이 차지하는 몫과의 관계로 표현되는 것이다.

7장: 임금과 이익의 오르내림을 결정하는 일반 법칙

"임금은 노동자가 생산한 상품의 일부 지분이 아니다.

임금이란 자본가가 이미 보유하고 있는 상품 중 노동력을 구매하기 위해 치르는 부분이다." 이는 앞서 설명한 내용이다. 단, 자본가는 노동자가 만든 생산품을 팔아서 받는 가격에서 이러한 임금을 지출해야 한다. 그리고 이 과정에서 기본적으로 자본가 자신이 지출한 생산비용을 초과하는 잉여분을 남겨야 한다. 즉, 이윤을 남겨야 한다.

노동자가 생산해낸 상품의 판매 가격은 자본가의 관점에서 셋으로 나뉜다. **첫째**, 그가 미리 사 놓은 원자재 가격에 대한 보상과 더불어 그가 미리 사 놓은 도구 및 기계, 기타 노동 수단의 마모분에 대한 보상. **둘째**, 그가 미리 지불한 임금에 대한 보상. **셋째**, 그러고도 남는 잉여분, 즉 자본가의 이윤이다. 첫째에 해당하는 부분은 **기존에 존재하는 가치**를 대체하는 데 그치지만, 임금에 대한 보상이나 잉여분의 경우 모조리 **새롭게 생겨난 가치**, 즉 원자재에 더해 **노동자의 노동으로 만들어진 가치**에서 나온다. 이건 명백한 사실이다. **바로 이런 맥락에서** 비교해보면 임금과 이윤 둘 다 노동자가 만든 생산물의 지분임을 알 수 있다.

실질임금이 유지되거나 오히려 오른다고 해도 상대적 임금은 떨어질 수 있다. 가정해보자. 모든 생활유지 수단의 가격이 3분의 2 내렸는데 일당 임금은 3분의 1만 내리는 경우다. 말하자면 3달러에서 2달러로 줄었다. 이때 노동자는 2달러만 가지고도 3달러로도 못 샀던 많은 양의 상품을 살 수 있게 됐지만, 자본가가 얻은 이익에 비하면 그의 임금은 줄어든 것과 같다. 제조업자라고 가정할 때, 자본가의 이윤은 1달러 증가했다. 자본가가 노동자에게 치르는 금액의 교환가치는 더 낮아졌지만, 그걸로 노동자는 이전보다 더 많은 양의 교환가치를 생산해내게 된다는 뜻이다. 자본의 몫은 노동의 몫과 비례해 늘었다. 사회적 부가 자본과 노동 사이에 분배되는 비율은 더더욱 불공평해졌다. 자본가는 같은 자본으로 더 많은 노동을 장악하게 된다. 자본가 계급의 노동 계급 지배력은 더 커졌고, 노동자의 사회적 지위는 더 나빠졌으며, 자본가보다 더 낮은 위치로 내몰린 것이다.

자, 그러면 임금과 이윤의 상호관계에서 오르내림을 결정하는 일반 법칙은 무엇인가? 그 둘은 서로 반비례한다. 자본의 몫(이윤)은 노동의 몫(임금)의 하락폭과 비례해 상승한다. 반대의 경우도 마찬가지다. 이윤은 임금이 떨어지는 만큼 오르며, 임금이 올라가면 그만큼 떨어진다.

이렇게 반박할지도 모르겠다. 자본가가 자기 상품을 다른 자본가와 더 이득이 되게 교환해서 이윤을 얻거나, 새로운 시장을 개척하거나, 시장의 수요가 잠시 늘어나면서 자기 상품의 수요가 늘어 더 이윤을 얻을 수 있지 않겠냐는 거다. 다른 자본가를 이용해 먹음으로써 임금의 등락이나 노동력의 교환가치와 관계없이 자기 이윤을 늘릴 수도 있지 않느냐, 혹은 노동 도구의 발전이나 자연의 힘을 새로 활용하는 방법이 개발되어 이윤을 늘릴 수도 있지 않겠냐는 반박이다.

하지만 여기서 가장 먼저 인정해야 할 점은 순서가 뒤바

뀌었다고 해도 결과는 마찬가지라는 점이다. 임금이 떨어졌기 때문에 이윤이 오른 게 아니라 이윤이 증가했기 때문에 임금이 떨어진 게 맞다. 앞선 경우에, 자본가는 기존에 구매한 노동으로 그에 비해 더 많은 교환가치를 얻었는데, 그렇다고 이때 노동자에게 돈을 더 지불하지도 않는다. 즉, 노동은 자본가에게 순수익을 안겨준 그만큼 더 적은 몫을 받아가는 것이다.

두 번째로 기억해야 할 점은 상품의 가격이 수시로 바뀌더라도, 다른 상품과의 교환 비율인 각 상품의 평균 가격은 생산비용에 따라 결정된다는 점이다. 자본가들끼리 속임수를 쓰고 어떻게든 서로 이용해 먹으려고 해봐야 그 영향은 상쇄될 뿐이다. 기계의 발전이나 자연의 힘을 새로 활용하는 법은 짧은 기간 동안 같은 양의 노동과 자본으로 더 많은 생산물을 만들어내는 걸 가능케 한다. 하지만 결코 더 많은 양의 교환가치를 생산할 수는 없다. 내가 방적기를 사용해서 방적기 발명 이전보다 시간당 두 배의 실을 생산해낸다고 해도 – 예를 들어 50파운드에서 100파운드로 – 장기적으로 볼 때 100파운드를 가지고도 50파운드로 얻을 수 있던 이상은 가져가지 못한다. 생산비용이 2분의 1로 줄었기 때문이다. 즉, 같은 비용에 생산은 두 배 늘었기 때문이다.

마지막으로, 자본가 계급이 생산의 순이익을 자기들끼리 어떤 비율로 나누든 간에 이 순이익의 총액은 반드시 직접 노동의 결과로 늘어난 축적된 노동의 양으로 이루어진다.

따라서 총액은 노동이 자본을 늘리는 것과 같은 비율, 즉 이윤이 임금 대비 증가하는 것과 동일한 비율로 증가한다.

8장: 자본과 임금노동의 이해관계는 완벽히 정반대 - 생산자본의 증가가 임금에 미치는 영향

이처럼 자본과 임금노동의 관계에만 한정해서 보더라도, 우리는 자본과 임금노동의 이해관계가 완벽히 정반대라는 사실을 알 수 있다.

자본의 급속한 성장은 이윤의 급속한 성장을 뜻한다. 이윤이 빠르게 성장하려면 노동의 가격, 즉 상대임금이 그만큼 빠르게 줄어들어야 한다. 상대임금은 실질임금이 오르는 비율이 이윤의 증가 비율에 미치지 않을 때 떨어지게 된다. 실질임금이 오르고, 동시에 노동의 화폐 가치인 명목임금이 오른다고 해도 말이다. 예를 들어 몇 년간 호경기라 임금이 5퍼센트 올랐는데 이윤은 30퍼센트 올랐다면 비율에 따른 상대임금은 **증가**한 게 아니라 **감소**한 것이다.

따라서 자본이 급속히 성장하면 노동자의 수입도 늘어나겠지만 동시에 노동자와 자본가를 가르는 사회적 간극은 더 벌어지고, 자본이 노동을 지배하는 권력도 커지며 노동의 자본 의존도도 늘어난다.

"자본의 빠른 성장은 노동자에게 득이 된다"는 말의 의미는 이렇다. 노동자가 자본가의 부를 빠르게 늘려 줄수록,

그만큼 더 큰 부스러기가 노동자에게 떨어질 것이며, 그만큼 더 많은 노동자가 존재하게 되며, 그만큼 자본에 의존해야 하는 노예 집단의 머릿수를 늘릴 수 있다는 뜻이다.

살펴보았듯이 노동자 계급에게 있어 **가장 이상적인 상황**, 말하자면 자본의 급격한 성장도 그게 아무리 노동자의 물질적 삶을 개선시킬지언정 노동자 자신의 이해관계와 자본가의 이해관계 사이의 대립을 해소하지는 못한다. **이윤과 임금**은 여전히 서로 **반비례**로 남는다. 자본이 급격히 성장하면 임금도 오르겠지만, 자본의 이윤이 훨씬 빠르게 증가한다. 노동자의 물질적 환경은 전보다 나아지겠지만 대신 사회적 위치를 잃게 된다. 노동자로서는 자신과 자본가 사이를 갈라놓는 사회적 간극이 더 커진 것이다.

결론적으로 "임금노동에 있어 가장 이상적인 환경은 생산자본이 최대한 빨리 성장하는 것이다"라는 말은 사실 이런 뜻이다. 노동 계급이 자신의 적대 세력, 즉, 자기 위에 군림하는 다른 이의 부를 빨리 증식시킬수록 노동자 자신에게 가장 이상적인 환경이 만들어진다는 거다. 부르주아의 부를 늘리기 위해, 자본의 권력 확대를 위해 더욱 노새처럼 일하는 그런 이상적인 환경 말이다. 자신을 묶어 끄는 황금 족쇄를 스스로 만드는 데 만족해하면서.

생산자본의 성장과 임금의 상승, 이 둘은 부르주아 경제학자들이 주장하는 것처럼 정말 밀접하게 결합되어 있는가? 우리는 그들의 말만 믿어서는 안 된다. 자본이 살찔수록 노예도 호강한다는 말은 믿지 말자. 부르주아지는 워낙 영악하고 꼼꼼해서 봉건시대 영주들처럼 자기 시종들을 화려하게 꾸며 뽐내는 식의 착각에 빠지지 않는다. 부르주아지는 살아남기 위해 계산에 신중할 수밖에 없다. 따라서 우리는 다음 문제를 더 면밀히 살펴봐야 한다.

생산자본의 성장은 어떤 방식으로 임금에 영향을 미치는가? 부르주아 사회의 생산자본이 전체적으로 성장하면 노동의 축적은 더욱 다면적으로 이루어진다. 자본 각각의 수와 규모도 늘어난다. 개별 자본이 증가하면 **자본가들 사이의 경쟁도 심해진다**. 자본 성장의 **가속화**는 **더 강력한 노동자 군대와 더 거대한 전쟁 무기를 산업 전장으로 내보내는 역할을 한다.**

자본가가 다른 자본가를 경쟁에서 몰아내고 그의 자본을 빼앗을 수 있는 유일한 방법은 더 싸게 파는 것이다. 망하지 않고 더 싸게 팔 수 있으려면 결국 더 싸게 생산해야 한다. 즉, 노동 생산력을 최대한 끌어올려야 한다. 노동 생산력은 **분업의 가속화**와 **기계설비**의 전면적 도입, 지속적 개발을 통해 향상된다. 노동자 집단 내에서 분업에 투입되는 비중이 커질수록 기계설비 도입의 규모가 급팽창하고, 이에 맞춰 생산비용이 줄어들면서 결국 더 생산적인 노동이 가능해진다. 그래서 자본가들 사이에서는 분업 가속화와 대대적인 설비 경쟁이 발생하고, 이를 가장 효율적으로 쥐어짜기 위해 노력한다.

하지만 분업 가속화와 새로운 기계 도입, 기술 발전, 더 효과적이고 대대적인 자연력 활용 등을 통해 자본가가 동일한 양의 노동으로(직접 노동인지 축적된 노동인지와 관계없이) 경쟁 상대보다 더 많은 생산물, 즉 상품을 생산할 수 있다고 가정해보자. 예를 들어 다른 경쟁자들이 리넨 반 마를 짤 때 똑같은 노동 시간을 들여 자신은 한 마를 짤 수 있다면 그 자본가는 어떻게 행동할까?

물론 리넨 반 마를 계속 기존 가격으로 팔 수도 있다. 하지만 그렇게는 경쟁자들을 몰아내고 시장점유율을 높일 수 없다. 그에게는 자신의 생산력이 늘어난 만큼 시장 확보 필요성이 늘어난 상태다. 더 강력하고 값비싼 생산수단을 마련함으로써 물건을 더 싸게 파는 게 **가능**해졌지만, 동시에 물건을 **더 많이** 팔아야만 하고, 자기 상품을 위해 **더 큰 시장**을 확보해야만 하는 상황에 **몰리게** 된 것이다. 결과적으로 이 자본가는 리넨 반 마를 경쟁자들보다 더 싸게 팔게 된다.

하지만 그는 경쟁자들의 반 마 가격에 한 마를 팔 정도로 싸게 팔지는 않을 것이다. 한 마를 생산하는 데 남들의 반 마 생산비용밖에 들지 않는다고 해도 말이다. 그렇게 싸게 팔면 아무 추가 이윤도 남기지 못하고 겨우 생산비용 수준만 건질 테니까 말이다. 이때 더 많은 자본을 투입해 더 큰 수입을 노릴 수 있지만, 그의 자본이 남의 자본보다 더 수익률이 높다는 이유 때문은 아니다. 목적을 달성하려면 자기 상품을 경쟁자의 가격보다 몇 퍼센트만 낮게 책정하면 된다. **더 싸게** 파는 것만으로도 그는 경쟁자들을 몰아낼 수 있고, 그들이 점유했던 시장 일부를 빼앗아 올 수 있다.

끝으로 우리가 기억해야 할 점은, 상품의 가격은 언제나 **생산비용 근처에 머무르며** 상품이 팔리는 시기가 호경기인지 불경기인지에 따라 변한다는 점이다. 리넨의 시장 가격이 이전까지의 생산비용 근처에서 형성되었듯, 이제 더 효율적인 새 생산수단을 활용하게 된 자본가가 그의 실제 생산비용에서 몇 퍼센트를 더 붙여 팔지 결정할 것이다.

단, 우리 자본가의 **특권**은 오래가지 못한다. 경쟁하는 자본가들도 같은 기계를 도입할 거고, 분업을 가속화하면서 그보다 더 대규모로 밀어붙일 것이기 때문이다. 그러면 이러한 발전 자체가 상당히 보편적이 되고, 리넨의 가격은 과거 생산비용보다 더 떨어지게 된다. 심지어 낮아진 생산비용보다 더 떨어질 수도 있다.

따라서 자본가들은 새로운 생산수단이 도입되기 전과 똑같은 상태에 놓이게 된다. 그들은 이제 이 생산수단을 이용해 똑같은 가격으로 두 배의 생산물을 제공해야만 한다. 그리고 새로운 생산비를 기초로 똑같은 과정이 다시 시작된다. 분업은 더욱 가속화하고 기계는 늘어나며, 분업과 기계의 이용 규모가 더욱 커진다. 경쟁은 이 결과에 대해 다시 똑같은 반작용을 가하게 된다.

9장: 자본가들 사이의 경쟁이 자본가 계급과 중산층, 노동 계급에 미치는 영향

지금까지 생산방식과 생산수단이 어떻게 계속 증가하고 혁신되는지, **분업이 어떻게 더 분업을 가속화하고, 기계설비 도입이 어떻게 추가 도입을 촉진하며, 대규모 노동이 어떻게 더 큰 규모의 노동을 불러일으키는지** 살펴봤다. 이런 법칙이야말로 자본주의의 생산방식을 계속 기존의 한계 너머로 몰아가는 역할을 한다. 그리고 자본으로 하여금 노동 생산력을 더욱더 쥐어짜게 만든다. 애초에 노동 생산력을 쥐어짜게 만든 바로 **그 원인이 그대로** 작용하기 때문이다. 이 법칙은 잠시도 쉴 틈을 주지 않고 자본의 귀에 외친다. "진군! 진군하라!"

다시 말해, 경기의 주기적 변동 속에서 **상품의 가격을 생산비용에 수렴시키는 법칙이다**. 자본가가 아무리 강력한 생산수단을 경쟁터로 끌어온다 해도, 경쟁을 거치면서 그 생산수단은 보편화된다. 새로운 생산수단이 보편적으로 현장에 도입되는 순간, 자본가가 향상시킨 생산성의 유일한 결과는 이제 **같은 가격으로** 10배, 20배, 100배 더 많이 상품을 공급해야 한다는 상황뿐이다. 이제 더 큰, 아마 1,000배쯤 더 큰 시장을 찾아야만 자신이 낮춘 가격을 더 큰 매출로 상쇄시킬 수 있다. 더 많은 이윤을 위해서이기도 하지만, 생산비용을 메꾸기 위해서라도(생산수단은 언제나 더 비싸지곤 하니까) 이제 더 큰 매출을 올려야 하는 상황이 되었다. 더 큰 매출은 자본가에게 목숨이 걸린 문제가 됐다. 경쟁자들도 마찬가지다. 기존의 투쟁이 계속 이어지고, 개발된 생산수단이 강력하면 강력할수록 경쟁자들 사이의 싸움은 격렬해진다. **노동의 분업화와 기계의 도입은 그렇게 처음부터 다시 시작되고, 더 폭넓게 진행된다**.

도입된 생산수단의 힘이 제아무리 강력하다 해도, 그 힘으로 얻어진 황금 열매를 자본이 따먹지 못하도록 경쟁의 기제가 작동한다. 경쟁을 통해 상품 가격이 생산비용까지 떨어지기 때문이다. 생산비용이 낮아지는 과정, 즉 같은 노동을 투입해서 더 많이 생산하게 되는 과정에서 보듯, 경쟁의 절대 법칙은 더욱더 저렴한 생산이 가능하도록 힘을 행사한다. 더 많은 물건이 더 낮은 가격에 팔린다.

결과적으로 자본가가 수고를 통해 얻어낸 거라곤 같은 노동 시간 내에 더 많이 생산해내야 하는 의무뿐이다. 한마디로 말해 자신의 자본이 수익을 내는 데 불리한 조건을 얻어낸 셈이다. 결국 경쟁의 기제는 생산비용의 법칙으로 자본가를 계속 옭아매며, 경쟁자에게 겨누려 했던 총구가 오히려 자기 자신을 겨누도록 만든다. 동시에 자본가는 이 경쟁을 극복해내겠다면서 정신없이 노동을 세분화하고, 더 새로운 기계 도입에 애를 쓴다. 새로운 생산도구가 경쟁을 거치며 구식으로 밀려나길 기다리지 못하고, 좀 더 저렴한 생산이 가능하도록 날로 비싸지는 생산도구를 도입하는 것이다.

이 과열된 동요가 **전 세계 모든 시장에서** 벌어지고 있다는 걸 깨닫고 나니 더 쉽게 이해되지 않는가? 자본의 성장, 축적과 집중이 얼마나 쉴 틈 없이 그리고 정신없이, 더 거대한 규모로 노동의 세분화를 꾀하는지, 기존 생산도구의 개량과 새로운 도구의 도입을 밀어붙이는지.

그렇다면 생산자본의 성장에 있어 본질적인 이러한 조건들이 임금을 결정하는 데는 어떤 영향을 미칠까?

분업의 가속화는 한 노동자가 5명, 10명, 20명분의 일을 처리할 수 있게 한다. 따라서 노동자 사이의 경쟁도 5배, 10배, 20배 늘어난다. 노동자들이 서로 자기 노동을 더 싸게 팔려고 하면서 생긴 경쟁이기도 하지만, 이제 노동자 한 명이 5명, 10명, 20명분의 일을 하기 때문이기도 하다. 노동자들은 분업 가속화에 따라 이런 식으로 경쟁에 내몰린다. 자본이 도입하고 완성해가는 분업의 가속화 때문이다.

분업이 가속화하는 만큼 노동은 단순해진다. 노동자의 전문 기술은 쓸모가 없어진다. 노동자는 육체적, 정신적 습득 능력이 없어도 되는 단조로운 생산도구로 변해버린다. 그의 노동은 이제 아무나 할 수 있는 것이 되고, 사방에서 경쟁자들의 압박이 몰려오게 된다. 여기서 기억해야 할 사실은, 어떤 노동이 단순하고 배우기 쉬울수록 그 노동을 생산하거나 구매하는 비용이 줄어들고, 따라서 그 노동에 대한 임금도 크게 떨어진다는 점이다. 다른 여느 상품처럼 노동 역시 그걸 생산하는 데 드는 비용에 따라 가격이 결정되니 말이다. 결국 **노동 업무는 점점 더 불만족스럽고 끔찍해지며, 그만큼 경쟁은 늘어나면서 임금은 떨어진다**.

노동자는 자기 임금의 총량을 유지하기 위해 더 많이 일하게 되는데, 더 오래 일하기를 택하거나 아니면 같은 시간 내에 더 많은 일을 해낸다. 즉, 자기 필요에 의해 스스로 분업화의 파괴적인 결과를 촉진하는 것이다. 그 결과는? **노동자는 더 많이 일하면 일할수록 더 적은 임금을 받게 된다**. 이유는 간단하다. 더 많이 일할수록 동료 노동자들과 더 많이 경쟁하게 되기 때문이다. 동료들이 나와 경쟁하도록 만듦으로써, 동료들 또한 자신처럼 열악한 조건에 놓이도록 몰아넣는다. **노동자 계급의 일원인 노동자 개인은 결국 자기 자신을 상대로 경쟁하는 셈이다**.

기계 역시 같은 효과를 만들어내는데, 다만 더 큰 규모로 만들어낸다. 기계가 도입되면 숙련 노동자는 미숙련 노동자로, 남성 노동자는 여성 노동자로, 성인은 아동으로 대체된다. 새로 기계가 도입되면 노동자들은 무더기로 길거리에 나앉게 된다. 기계가 더 정교해지고 효율이 높아질수록 노동자들은 조금씩 더 일자리를 잃는다.

지금까지 간단하게 훑어보는 수준에서 **자본가끼리 벌이는 산업전쟁**을 설명했다. **이 전쟁은 이기기 위해 병력을 더 모으는 쪽이 아니라 병력의 머릿수를 더 줄여나가는 쪽이 승리에 더 가까워진다는 점에서 특이하다. 사령관(자본가)들은 누가 더 많은 군인을 내쫓을 수 있는지를 두고 서로 경쟁한다.**

경제학자들은 기계 도입으로 불필요해진 노동자들이 다시 새 일자리를 구하게 된다고 말한다. 하지만 쫓겨난 이들이 새로 생긴 노동 분야에서 일자리를 얻게 될 거라고 자신 있게 말하지는 못한다. 너무 뻔한 거짓말이라는 사실이 금방 드러날 것이기 때문이다. 정확히 말하면, 경제학자들이 말한 '새로 생긴 노동 분야'는 **노동 계급 중 다른 일부**에게 돌아간다. 막 몰락한 산업 분야에서 일을 시작하려고 기다렸던 젊은 세대가 그 예다. 일자리를 잃고 낙오한 노동자들에게는 위안이 되는 이야기일 수 있겠다. 죽은 사람이 자기 시체를 묻게 만들면서, 높으신 자본가들은 피와 땀을 착취할 수 있는 젊은 노동자를 다시 충분히 공급받게 될 테고 말이다. 결국 새로 생긴 노동 분야라는 위안은 노동자가 아니라 자본가에게 주는 위안에 가까워 보인다. 기계 도입 때문에 임금노동자 계급이 송두리째 무너진다면, **임금노동 없이 존재할 수 없는 자본의 입장**에서도 얼마나 끔찍한 일인가!

기계 도입의 직접 영향으로 실직한 노동자뿐만 아니라 그 분야에서 일할 기회를 기다리던 젊은 노동자 세대까지 모두 다 새로운 일자리를 얻는 상황을 가정해보자. 이 경우, 새 직장에서도 기존 일자리에서 받던 만큼 받는 게 가능할 수 있을까? 만약 그렇다면 **경제학의 법칙과 충돌할 것이다**. 우리는 지금까지 현대의 산업이 항상 고난도의 복잡한 일을 더 단순하고 종속적인 일로 바꿔 놓는다는 사실을 목격한 바 있다. 그렇다면 기계 때문에 한 분야에서 쓸모없어진 노동자 무리가 어떻게 다른 분야라고 해서 기회를 얻을 수 있겠는가? 임금이 더 깎이지 않고선 불가능하다.

이런 법칙의 예외로 제시되어 온 경우가 있는데, 바로 기계 그 자체를 생산하는 분야의 노동자들이다. 산업 현장에서 기계에 대한 수요가 커지고 널리 활용될수록 기계의 숫자는 늘어날 수밖에 없고, 그렇다면 기계 제작도 늘어날 수밖에 없으며, 그 결과 기계 제작 분야에서는 일자리가 늘어나고, 해당 분야의 노동자들은 전문성을 갖춘 숙련 노동자가 될 거라는 것이다.

그전에도 반만 맞는 말이었던 이 주장은 1840년 이래 진실과는 완전히 거리가 멀어지고 말았다. 면사를 제조할 때처럼 광범위하게 각종 기계들이 기계 자체를 만들어내는 분야에 도입됐고, 이제 기계 제작에 종사하는 노동자들은 매우 효율적인 기계들 사이에서 그저 멍청한 기계 역할을 수행하게 됐기 때문이다.

기계 때문에 실직하게 된 남성 노동자 대신 아동 노동자 세 명에 여성 노동자 한 명이 공장에 취직할 수도 있다! 남성 노동자 한 명분의 임금으로 아동 셋과 여성 하나를 건사할 수 있지 않던가? 노동 인류의 생존과 번식은 최저 임금으로도 충분하지 않던가? 부르주아들의 이 상투적인 말은 무엇을 뜻하는가? 한 노동자 가정이 생계를 꾸리기 위해 이제 4명의 노동자가 소모된다는 사실을 뜻할 뿐이다.

요약해보자. **생산자본이 성장할수록 노동의 분업과 기계 사용은 더욱더 확대된다. 분업과 기계 사용이 확대될수록 노동자들 사이의 경쟁은 더 심해지고, 임금은 더 줄어든다.**

게다가 노동자 계급은 보다 높은 사회 계급에서도 충원

된다. 즉, 소상인이나 이자로 먹고살던 수많은 사람들이 노동자 계급으로 전락하고 만다. 손을 들고 있는 노동자들 옆에 서서 자기들도 손을 드는 수밖에 없다. 일자리를 구걸하며 치켜든 팔의 숲은 날이 갈수록 울창해지지만, 각각의 팔은 동시에 점차 야위어 간다.

끊임없이 생산량을 늘리는 게 성공의 우선 조건인 상황에서 소규모 제조업자가 투쟁에서 살아남기를 기대하긴 힘들다. 소규모 제조업자가 대규모 제조업자가 될 수 없는 것도 뻔하다.

자본의 숫자가 늘어나는 비율에 따라 자본의 이자수익이 줄어든다는 사실. 자본이 성장할수록 이자가 줄고, 그로 인해 소규모 자본가는 이자 수입으로만 생존이 불가능해진다는 사실. 따라서 소규모 자본가는 소규모 제조업자의 반열에 몸을 던짐으로써 산업 현장에 몸담게 된다는 사실. 그 결과 프롤레타리아 후보군의 수만 늘어난다는 사실. 이 모든 사실을 굳이 더 설명할 필요가 있을까.

마지막으로, 앞서 설명한 작동원칙에 따라 자본가들은 이미 거대한 생산수단을 더 큰 규모로 키워나갈 수밖에 없다. 그 목적으로 신용의 톱니를 돌리게 되는데, 그러면서 산업의 지각 변동을 촉발하게 된다. 이 지각 변동 속에서 상업계가 자기 몸을 지키려면 자신이 가진 부와 생산물, 나아가 생산의 도구까지 속세의 신에게 제물로 바치게 된다. 줄여 말해, **공황**이 닥치는 것이다.

공황은 오로지 하나의 이유 때문에 더욱 잦고 격렬해진

다. 생산물의 양이 증가하면 추가 시장을 확보할 필요성이 늘어나고, 이에 맞춰 전 세계 시장이 점차 줄어들면서 확보 가능한 시장의 수 역시 줄어들기 때문이다. 과거 공황이 있을 때마다 미개척 시장이나 일부분만 개방되었던 시장을 세계 시장으로 예속시켜 왔으니 말이다.

자본은 노동만 먹고 사는 게 아니다. 자본은 고귀하고 잔혹한 주인처럼 자신의 황천길에 자기 노예들의 송장을 끌고 간다. 공황이 닥치면 비명횡사할 노동자들의 헤카톰베 hecatomb[26]다. 따라서 우리는 다음과 같은 사실을 알 수 있다. **자본이 급속히 성장하면 노동자들 사이의 경쟁은 훨씬 더 빨리 심해진다. 즉, 노동자 계급의 일자리와 생활유지 수단은 이와 비례해 더 빨리 줄어든다. 하지만 이 모든 걸 고려한대도 임금노동에게 있어 가장 유리한 환경은 자본이 급속히 성장하는 것이다.**

26 고대 그리스의 대규모 제물을 바치는 의식.

진정성과 공정성

저널리스트가 사실을 왜곡하지 않고, 진실을 바탕으로 윤리적 보도를 하려는 신념을 흔히 '진정성integrity'이라고 부른다. 진실을 파악해 충분히 분석하고, 편향 없이 자기주장을 전달하려고 노력한 마르크스는 그런 면에서 아주 진정성 있는 저널리스트였다.

자신은 진정성 있게 세상을 그렸지만, 정작 마르크스를 보는 언론은 그렇지 않았던 게 사실이다. 사후에는 물론이고, 생전에도 그를 둘러싼 오보와 왜곡은 일상적이었다. 마르크스가 기본적으로 폭력을 지지하지 않는다고 밝혀진 지금까지도 '무력 혁명'을 부추겼다고 비판받는다.

최초의 사회주의 자치정부 '파리 코뮌[27]'을 옹호했던 마르크스와 한 기자 사이에 대략 이런 대화가 오간 일이 있다.

27 1871년 혁명에 의해 수립된 최초의 노동자 자치정부. 약 2개월 만에 정부군에 의해 진압됐는데, 강경 진압으로 인해 수많은 사망자가 발생했다.

마르크스가 인지도와 영향력을 지닌 나이 예순쯤의 일이다.

마르크스: 코뮌은 예순 명가량을 죽였지만, 마크마옹 장군(코뮌 진압 정부군 지휘자)과 그의 살인마 군대는 6만 명 이상을 죽였다. 코뮌만큼 악명을 뒤집어쓴 경우는 없다.

기자: 그렇다 치고, 그럼 사회주의자들은 사회주의 원칙 실현을 위해 암살과 유혈 사태를 지지하는가?

마르크스: 역사적으로 모든 변혁은 유혈 사태를 동반했다. 미국의 독립도 유혈 사태로 성취됐다. 나폴레옹이 프랑스를 손에 넣은 것도 피가 낭자한 과정을 거쳐서였다. 권좌를 잃은 과정도 마찬가지였다. (…) **이런 일은 사회주의가 퍼지기 전부터 있어왔고 시도되던 일들이다. 그런데 이제는 왕족이나 정부 요인에 대한 공격이라면 모두 사회주의를 탓한다.**[28]

마르크스의 발언 취지는 명확하다. 사회주의자들이 살상을 저지른 건 맞지만, 사회주의 자체가 폭력을 종용하거나 미화하지 않는다는 것이다. 파리 코뮌이 비난을 받아 마땅하더라도, 그 비난 수준이 과도하며 마치 사회주의가 악의 근원인 듯 비쳐서는 안 됨을 명확히 했다. 실제로 마르크스는 "국가 상황에 따라 폭력적인 혁명이 벌어질 수는 있지

28 Karl Marx, 〈The Chicago Tribune〉, 1879. 1. 5.
굵은 글자로 강조된 부분은 역자주.

만, 폭력을 선호하거나 지지하지 않는다"고 자신의 뜻을 밝힌 바 있다. 어떻게 봐도 마르크스가 유혈 사태를 옹호한다고 볼 수 없는 발언이었음에도 이 기사의 부제는 이렇게 달렸다.

> 카를 마르크스, 피가 흐를 것 … 왜냐하면 "그 어느 변혁도 유혈 사태로 시작되지 않은 적이 없었기 때문"

오늘날의 '제목 낚시'와 다를 게 무언가. 마치 마르크스가 유혈 사태를 정당화하려 했다는 인상을 준다. 실제 발언 의도와는 많이 다른 내용이었다. 마르크스는 자신이 체포되어 벨기에 감옥에 갇혔다는 기사를 읽은 적도 있다. 실제로 자신은 아무 일 없이 영국 런던 집에 앉아 있었는데 말이다. 마르크스 자신은 저널리스트로서 사력을 다한 시절이 있었지만, 소위 '부르주아' 언론은 이해관계에 따라 이처럼 마르크스를 각색하곤 했으니, 진실성 없는 언론 매체에 대해 마르크스가 어떤 애증을 가졌을지 짐작할 만하다.

우리 언론, 조금 더 나아가 출판계가 마르크스를 대한 태도 역시 오랫동안 공평하지 못했다. 마르크스 사후 꼬박 100년이 지나도 그의 사상을 각색되지 않은 원형 그대로 접하기는 쉽지 않았다.

마르크스의 글이 오랜 기간 불온서적 취급을 받은 건 잘 알려진 사실이다. 1970년대만 해도 〈공산주의 선언〉이나

〈자본론〉 등을 학습해 '사회주의 국가 건설'을 획책했다는 이유로 구속된 사람들이 있었다. 1982년 들어 마르크스 관련 서적 일부가 금서에서 해제됐다고 하지만, 여전히 "좌경 출판물이 나도는" 상황을 경계해야 한다며 마르크스 관련 서적이 "공산집단과의 대결에서 승리하기 위해 사상무장을 공고히" 해야 하는 우리 국민에게 적합하지 않다는 식의 주장이 공공연했다. 마르크스의 책 복사본을 배포하던 대학생들은 여전히 구속되곤 했고, 영어본이나 일어본이 암암리에 읽혔다. 마르크스의 저작물을 정식으로 번역, 출판하려던 이들은 감옥 갈 각오를 해야 했다. 어떻게든 정부 검열관을 따돌리고 자기주장을 펼치려고 노력했던 마르크스가 자기 글이 다음 세기에도 여전한 검열 대상인 걸 알았다면 얼마나 안타까워했을까.

지금은 다르다. 마르크스 전집 출간 작업에 매진하는 수많은 학자를 비롯해 오늘도 많은 이들이 마르크스를 좀 더 공정하게 소개하려 애쓰고 있다. 이 책《더 저널리스트: 카를 마르크스》도 글의 선택과 번역에서 최대한 진정성을 지키려고 노력했다. 마르크스의 표현 의도를 지키고, 맥락을 임의로 제거하거나 과장하지 않았다. 언제나 기준을 지키려 했던 마르크스, 논리와 분석에 집중했던 마르크스의 모습이 온전히 전해지기를 바란다.

단행본

Karl Marx and Frederick Engels.『Marx & Engels Collected Works』, Lawrence & Wilshart.
책에 실린 기사는 Vol 11, 12, 13, 15, 16에서 발췌(1979~1986년 출간)

Karl Marx, Harriet E. Lothrop and Friedrich Engels.『Wage-Labor and Capital』, New York Labor News Company, 1902.

온라인 참고 자료

마르크스의 저작, 인물 정보 등의 관련자료
Marxists Internet Archive(https://marxists.org)

〈뉴욕 데일리 트리뷴〉 기사 원문
Chronicling America(https://chroniclingamerica.loc.gov)

〈신라인신문〉 기사 원문
Deutsches Textarchiv, Herausgegeben von der Berlin-Brandenburgischen Akademie der Wissenschaften (http://www.deutschestextarchiv.de/nrhz)